लेखक कैसे बनें

लेखक कैसे बनें

रस्किन बॉण्ड

अनुवाद

रीनू तलवाड़

UNBOUND SCRIPT

First published in Hindi by Unbound Script
by arrangement with Harper Collins Publishers India
Private Limited

प्रथम संस्करण : 2021
द्वितीय संस्करण : 2023
तृतीय संस्करण : 2025

अनबाउंड स्क्रिप्ट
ISBN : 978-81-951241-6-9

मूल्य : ₹ 199/-

प्रकाशक : अनबाउंड स्क्रिप्ट
2/41, अंसारी रोड,
दरियागंज, दिल्ली - 110002
वेबसाइट : www.unboundscript.com
ई-मेल : books@unboundscript.com
फोन नं. : 011-35807601

मुद्रक : यश प्रिंटोग्राफ़िक्स, नोएडा, उत्तर प्रदेश

LEKHAK KAISE BANEIN
by Ruskind Bond
Translated by Reenu Talwar

क्रम

रस्किन बॉण्ड

प्रस्तावना

मैं बहुत खुशकिस्मत हूँ। लगभग सत्तर वर्षों से मैं अपनी रोज़ी-रोटी वह काम कर के कमा रहा हूँ जिसे करना मुझे सबसे अच्छा लगता है : **लिखना**।

कभी-कभी मैं सोचता हूँ कहीं मैंने कुछ ज़्यादा ही तो नहीं लिख दिया। हमें आदत पड़ जाती है उन्हीं विषयों पर बार-बार लिखने की; अलग-अलग चटनियों के साथ उसी व्यंजन को पुनः परोसने की, लेकिन विषय, स्मृतियाँ और किरदार वही होते हैं। स्वयं को दोहराने के लिए लेखकों की अक्सर निंदा की जाती है। चित्रकारों व संगीतकारों को अक्सर अधिक छूट दी जाती है। कभी किसी ने टर्नर को इतने समुद्री सूर्यास्त बनाने के लिए भला--बुरा नहीं कहा, या पॉल गोगाँ को, ताहिती की स्त्रियों के इतने चित्र बनाने के लिए, या हुसैन को घोड़ों के इतने सुन्दर चित्र हमें दिखाने के लिए, या जैमिनी रॉय को जिन्होंने हमें असंख्य एक ही शैली की आकृतियाँ दिखाईं।

संगीत की दुनिया में, गुचीनी का एक ऑपेरा लगभग दूसरे जैसा ही है, शोपैं का नॉकत्यूर्न यानी निशा गीत रह-रह कर जाने-पहचाने विषयों की ओर लौटता है और सुगम लोकप्रिय संगीत के क्षेत्र में भी वही धुनें थोड़ी फेर-बदल के साथ बार-बार लौटती हैं। मगर लेखकों को अक्सर फटकारा जाता है, जब वे स्वयं को दोहराते हैं। ऐसा करने से वे स्वयं को रोक नहीं पाते क्योंकि अपने लेखन में वे अपने व्यक्तित्व की अभिव्यक्ति करते हैं। हेमिंग्वे की दुनिया जेन ऑस्टिन की दुनिया से बिलकुल अलग

है और दोनों अपने आप में अनूठी हैं। मगर अपने लेखक-सृजनकर्ता के दिमाग में यह दुनिया बदलती या परिवर्तित नहीं होती। जेन ऑस्टिन ने अपना पूरा जीवन एक छोटी जगह में बिताया और उन लोगों का चित्रण किया जिन्हें वे जानती थीं। हेमिंग्वे दुनिया भर में घूमते थे, मगर उनके किरदार लगभग एक जैसे ही रहे, अक्सर जैसे स्वयं उन्हीं के विस्तार।

एक लम्बे लेखन कार्यकाल में, निश्चित है कि लेखक समय-समय पर स्वयं को दोहराएगा, या उन विषयों पर लौटेगा जो उसके मन में हमेशा से रहे हैं, तब भी, जब नई सोच और नए विचार उसके मन में प्रवेश किए।

सबसे ज़रूरी है लिखते रहना, शब्दों की सुंदरता और उनके संयोजन को ग़ौर-से देखते रहना, सुनते रहना और उन पर ध्यान देते रहना।

और चित्रकारों व संगीतकारों की तरह ही, हम अपनी कला पर जितनी मेहनत करेंगे, वह उतनी ही निखरेगी।

लिखना, मेरे लिए, दुनिया का सबसे सहज और महानतम आनंद है।

किसी भाव या विचार को शब्दों में ढालना मेरा पसन्दीदा काम है। मैं अपनी दिनचर्या ऐसी रखता हूँ जिसमें समय हो—कविता, अनुच्छेद, निबंध या फिर कहानी का कुछ हिस्सा लिखने के लिए। ऐसा इसलिए नहीं कि लेखन मेरा पेशा है, बल्कि निजी सुख के लिए।

मेरे आसपास का संसार—चाहे पहाड़ हों या मेरी खिड़की के नीचे की व्यस्त सड़क—भरा पड़ा है लोगों, चीज़ों, दृश्यों और विचारों से। जिन्हें मैं शब्दों में ढालना चाहता हूँ ताकि भागते लम्हों को, बीतते दृश्यों को, हँसी, ख़ुशी और कभी-कभी दुःख को भी क़ैद कर सकूँ।

मेरे लिए जीवन असहनीय हो जाए अगर मेरे पास रोज़ लिखने की यह आज़ादी न हो।

अब ऐसा भी नहीं कि जो भी मैं लिखता हूँ सब काम का होता है, रखने लायक होता है। एक पाण्डुलिपि के कितने पन्ने अक्सर मेरी रद्‌दी की टोकरी में पहुँच जाते हैं या उस अंगीठी में जो सर्दियों की ठंडी शामों में परिवार के बैठने के कमरे को गर्म करती है। अपने लिखे से मैं हमेशा खुश नहीं होता। सतही पेशेवर लेखकों की तरह, जो लोकप्रिय गद्य लिखते हैं, मैं दूसरों को खुश करने का काम नहीं कर सकता। मैं सब को खुश करने के लिए नहीं लिखता।

मैं वास्तव में स्वयं को खुश करने के लिए लिखता हूँ।

मेरे लेखन का सिद्धांत यह है कि अवधारणा जितनी हो सके उतनी स्पष्ट होनी चाहिए, और शब्दों को साफ पानी के सोते की तरह बहना चाहिए—या कहें कि पहाड़ी सोते की तरह! बेशक रास्ते में बड़े-बड़े पत्थर आएँगे, मगर

आप उन के ऊपर से या बगल से निकलना सीख जाएँगे ताकि आपका बहाव अबाधित रहे। अगर आपकी धारा धीमी या मटमैली हो जाए तो जो आप लिख रहे हैं उसे एक तरफ रख दें। लौट कर उद्गम पर जाएँ, उस सोते के पास जाएँ जहाँ पानी सबसे निर्मल है, जहाँ आपकी सोच पहाड़ों की हवा जैसी साफ़ है।

मैं पूरे दिन में एक या दो घंटों से अधिक नहीं लिखता। लिखने की मेज़ पर अधिक समय बिताने से शब्द अपनी ताज़गी खो देते हैं।

सोच की स्पष्टता और अच्छे शब्द-ज्ञान के साथ एक उमंग-भरे मन की भी आवश्यकता है। जब लॉरेन्स स्टर्न ने ट्रिस्ट्रम शैंडी लिखी होगी, निश्चय ही वे प्रफुल्लित मनोदशा में रहे होंगे। वदरिंग हाइट्स की उदास गहनता एमिली ब्रॉंटे की जीवन के प्रति लालसा दर्शाती है, क्योंकि वे जानती थीं कि जीवन बहुत छोटा है। टैगोर की कविताओं में उनका अवसाद झलकता है। चार्ल्स डिकेंस हमेशा जोश से भरे होते हैं, उनके लेखन में कुछ भी आधा-अधूरा नहीं होता। कॉनराड का गद्य समुद्र के विभिन्न रंगों को दर्शाता है, जिसे वे अच्छे से जानते थे और खूब चाहते थे।

लिखने की प्रक्रिया में एक वास्तविक शारीरिक आवेग उमड़ता है और महान लेखक इस भाव को दिशा दे कर अपनी सर्वोत्तम कृति रचते हैं। शेक्सपियर, टॉलस्टॉय, दोस्तोवस्की, बाल्ज़ाक!

"क्या आप गंभीरता से लिखते हैं?" एक स्कूली बच्चे ने एक बार मुझ से पूछा था। "मैं गंभीर होने की कोशिश करता हूँ", मैंने कहा, "मगर ख़ुशी बीच-बीच में छलक जाती है!" क्या एक प्रसन्नचित्त लेखक को गंभीरता से लिया जा सकता है? मैं वाकई नहीं जानता।

मगर मैं इस बात को लेकर निश्चय ही गंभीर था कि लेखन मेरे जीवन का मुख्य व्यवसाय होगा।

ऐसा करने के लिए अक्सर हमें कई चीज़ों का त्याग करना पड़ता है—नौकरी, सुरक्षित होने की भावना, आराम, गृहस्थी—या कहें कि इन चीज़ों के पीछे भागना छोड़ना पड़ता है। अगर पच्चीस वर्ष की आयु में मैंने शादी कर ली होती, मैं अच्छी नौकरी को आसानी से ठुकरा न पाता जैसे कि मैंने उस समय किया; क्या पता इस वक़्त मैं पेंशन पर

जी रहा होता! भगवान न करें! लगातार स्वतंत्र रहने के लिए और आजीविका हेतु लिखते रहने की आवश्यकता के लिए मैं बहुत कृतज्ञ हूँ। और उनके लिए भी आभारी हूँ जो अपना जीवन मेरे साथ साझा करते हैं, जिनके सुख-दुःख मेरे भी हैं। एक कलाकार को जीवन पर अपनी पकड़ खोनी नहीं चाहिए। जब हम एक आरामदायक वृद्धावस्था की सुरक्षा चुनते हैं, हम उस पकड़ को खो देते हैं। लेकिन लेखकों के लिए सेवानिवृत्ति की कोई उम्र तय नहीं है।

सामान्यतः लेखक लोग अधिक नहीं बोलते क्योंकि वे अपनी बातचीत अपनी किताबों के पाठकों के लिए बचा कर रखते हैं—उन अदृश्य सुनने वालों के लिए जिनके साथ हम संवेदनापूर्ण नाता जोड़ना चाहते हैं। बेशक अपने दोस्तों के साथ हम खुल कर बातें करते हैं, मगर जिन्हें हम जानते नहीं उनके सामने संकोच महसूस करते हैं। जो कहानी मैं लिखने जा रहा हूँ, अगर मैं उसके बारे में खूब बातें करूँगा तो संभव है वह कभी लिखी नहीं जा पाएगी। बोल-बोल कर ही मैं उसे ख़त्म कर दूँगा।

एकांत का समय हर रचनात्मक लेखक के लिए बहुत महत्त्वपूर्ण है।

मेरा मतलब यह नहीं है कि आप पूरी तरह एकांतवासी हो जाएँ। जो लोग मुझे नहीं जानते उन्हें लगता है कि मैं किसी पहाड़ की चोटी पर शान से अकेले रहता हूँ जबकि वास्तव में मैं एक छोटे से फ्लैट में बारह लोगों के परिवार के साथ रहता हूँ—और मैं वह बारहवाँ खिलाड़ी हूँ जो कभी-कभार बाकी खिलाड़ियों के लिए जलपान ले कर आता है।

मैं अपने विस्तृत परिवार से बहुत प्यार करता हूँ, उसके हर एक सदस्य से। मगर लेखक होने की वजह से अपने विचारों के साथ अकेला होने, मनन करने, खुद से बतियाने, बीते समय में की गईं बड़ी गलतियों पर हँसने और भविष्य के बारे में सोचने के लिए मुझे कभी-कभार थोड़ा समय चाहिए होता है। यह चिन्तन है चूँकि इसमें आवश्यक है कुछ समय के लिए निष्क्रिय रहना। ऐसे में मैं पसन्द करता हूँ बाहर घूमने निकल जाना, प्रकृति को

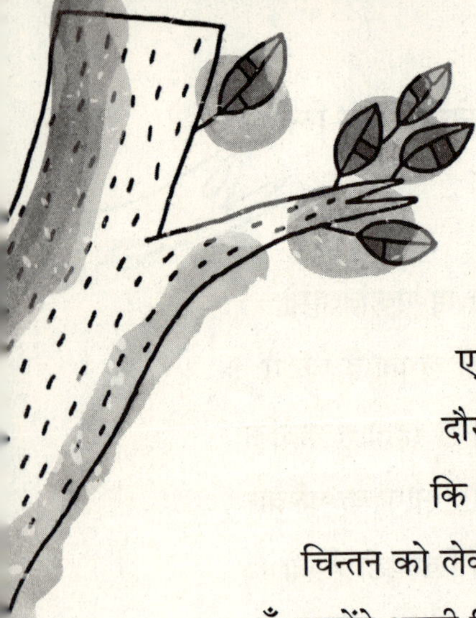

निहारना या पेड़ के नीचे बैठ कर अपने बारे में या अपने उपन्यास के बारे में अत्यधिक सोचना।

एक बार अनौपचारिक बातचीत के दौरान जब मैंने एक पत्रकार को बताया कि मैं अपने 'मेडिटेशन' यानी अपने मनन-चिन्तन को लेकर एक किताब लिखने की सोच रहा हूँ, उन्होंने अपनी रिपोर्ट में लिख डाला कि मैं 'मेडिटेशन' यानी ध्यान पर किताब लिख रहा हूँ, जिससे संकेतार्थ ही अलग हो गया। मैं मेडिटेशन का सादा शब्दकोष वाला अर्थ लेकर चलता हूँ—चिन्तन या मनन करने की प्रवृत्ति, किसी विशेष विषय पर चित्त की एकाग्रता। यह तो मैं हमेशा से करता आया हूँ।

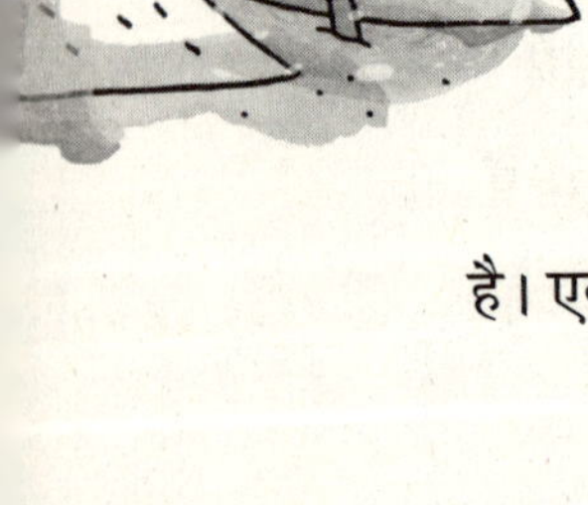

स्वाभाव से मैं मिलनसार व्यक्ति नहीं हूँ। हालाँकि मुझे लोग अच्छे लगते हैं और बहुत बार मैंने अचानक एकदम अनजान व्यक्तियों से दोस्ती की है। एकांत भी मुझे बहुत प्रिय है।

स्वाभाविक है कि हम बेहतर तब लिखते हैं जब हम अकेले होते हैं।

मगर मैं दूसरों के साथ चलने के बनिस्बत अकेला चलना पसन्द करता हूँ। वह बीरबहूटी या वह जंगली गुलाब मुझे दिखाई नहीं देंगे अगर मैं किसी साथी के संग दिलचस्प बातचीत में मग्न रहूँगा। ऐसा नहीं कि उस बीरबहूटी को देखना मेरा जीवन बदल डालेगा। मगर उसकी उपस्थिति को स्वीकारना, रुक कर उसके सौंदर्य को निहारना, इस तरह सृष्टि की प्राकृतिक योजना के प्रति, जिसका छोटा-सा हिस्सा मैं भी हूँ, मैं अपनी श्रद्धा व्यक्त करता हूँ।

एक व्यक्ति की आंतरिक शक्ति इस बात पर निर्भर है कि वह ऐसे अम्लान सौंदर्य को किस तरह अपने भीतर समेटे रहता है। इस दुनिया में आगे बढ़ते हुए हमारा सामना निश्चय ही स्वार्थ और अनुदारता से होता है। जीवित रहने की जद्दोजहद में आदर्श और उच्च दृष्टि अक्सर फीके पड़ जाते हैं। उस समय हमें आवश्यकता होती है बीरबहूटियों की! उस नन्हे-से जीव को या उस फूल को, जिसमें वह बैठा है, ध्यान से देखना मुझे उम्मीद से भर

देता है—बेहतर कहें तो यकीन दिला जाता है कि जीवन में ब्याज दरों, लाभांशों, बाज़ारी ताकतों और असीमित प्रौद्योगिकी के अलावा बहुत कुछ है।

लेखक होते हुए, मैंने आशा और घोर निराशा, सफलता और विफलता को जाना, थोड़ी बहुत पहचान बनाई, मगर मेरे जीवन में काफी लम्बे अंतराल उपेक्षित होने और आलोचकों द्वारा ख़ारिज किये जाने के भी थे।

मगर मुझे कोई अफ़सोस नहीं। मैंने लेखक का जीवन भरपूर जिया है, खूब आनंद उठाया है, और इसका एक कारण यह है कि भारत में रहने की वजह से मुझे ऐसी आज़ादी मिली है जो शायद कहीं और न मिल पाती। जब चाहूँ, दोस्ती, जब ज़रुरत हो, एकांत। और कभी-कभी प्रेम और संवेदना भी।

मैं जैसा भी हूँ, इस देश ने मुझे वैसे ही स्वीकार किया है—कुछ कामों को बीच ही में छोड़ देने वाला, थोड़ा अपरंपरागत और सनकी। (भारी-भरकम शब्दों के इस्तेमाल के लिए माफ़ करें!) मुझे अपने मन की करने के लिए अकेला छोड़ दिया गया है। भारत में लोग आप पर

तब तक आक्षेप नहीं करते जब तक आप औरों के लिए परेशानी का कारण नहीं बनते। समाज के अपने आदर्श और रूढ़ियाँ हैं। यदि आप उन नियमों का उल्लंघन नहीं करते तो समाज आप को अपने रास्ते पर चलने देता है। मैं स्वतंत्र हूँ, चाहूँ तो नग्न तपस्वी बनकर हाथ में भिक्षा-पात्र लिए सड़कों पर घूम सकता हूँ (आप मुझे मेरे आकार से पहचान लेंगे!) और अगर मेरे पास संसाधन हो तो महल-नुमा फार्म हाउस में रहने के लिए आज़ाद हूँ। चालीस सालों से मैं इस छोटे, धूपदार दूसरी मंज़िल के कमरे में रह रहा हूँ जहाँ से पर्वत दिखाई देते हैं और किसी ने मुझे परेशान नहीं किया।

बेशक मैं खुद के लिए लिखता हूँ, मगर चूँकि प्रकाशित होने के लिए भी लिखता हूँ तो अर्थ यह निकलता है कि मैं दूसरों के लिए भी लिखता हूँ। शायद बहुत कम पाठक मेरा लिखा पसन्द करते हों मगर वे मेरे अंतरंग मित्र हैं, मेरे बहुत करीबी और उन्हीं की वजह से मैं बुरे समय में और

उन हतोत्साहित करने वाले पलों में आगे बढ़ते रहने की हिम्मत पाता हूँ।

हालाँकि जीविका कमाने के लिए मैं लेखन पर आश्रित हूँ, फिर भी वह मेरे लिए दुनिया की सब से सुखद चीज़ है।

मैं लेखन से बहुत पैसा कमाने का विचार लेकर नहीं चला था। मैं जानता था मैं वैसा लेखक नहीं हूँ। मगर मुझे यही काम अच्छे से करना आता था और मैं अपनी इस प्रतिभा का इस्तेमाल करते हुए डटा रहा; सम्पादकों, प्रकाशकों और पाठकों को संतुष्ट करने का प्रयास करता रहा। मैंने कभी किसी बड़े भारी प्रतिफल की कामना नहीं की, जो मिला उसे सहर्ष स्वीकार करता रहा। और मुझे नहीं लगता कि मैंने कभी किसी को निराश किया है।

ख़ुश रहना स्वभाव पर निर्भर करता है न कि परिस्थितियों पर, और मैंने हमेशा स्वयं को इस मामले में ख़ुशकिस्मत समझा है कि मैं नौ से पाँच की नौकरी की नीरसता से बचा रहा।

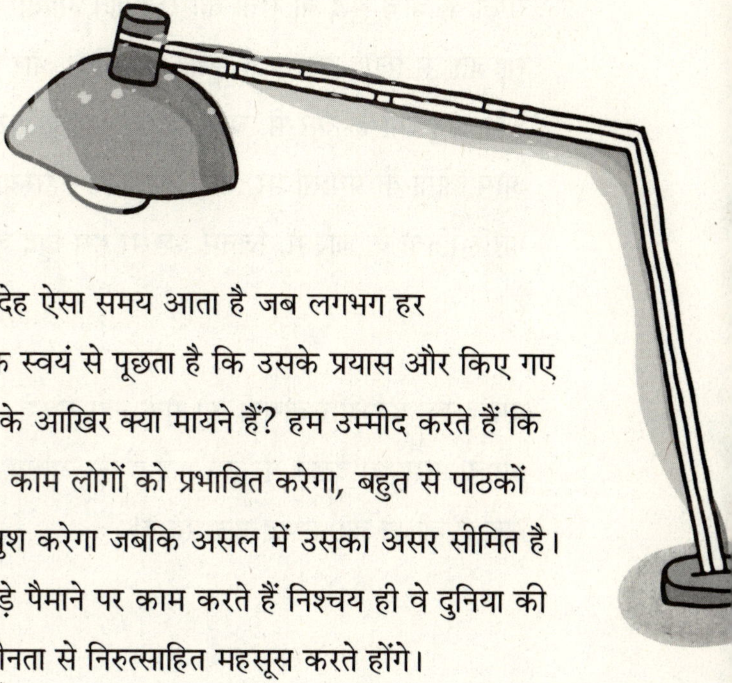

निस्संदेह ऐसा समय आता है जब लगभग हर लेखक स्वयं से पूछता है कि उसके प्रयास और किए गए काम के आखिर क्या मायने हैं? हम उम्मीद करते हैं कि हमारा काम लोगों को प्रभावित करेगा, बहुत से पाठकों को खुश करेगा जबकि असल में उसका असर सीमित है। जो बड़े पैमाने पर काम करते हैं निश्चय ही वे दुनिया की उदासीनता से निरुत्साहित महसूस करते होंगे।

इसीलिए मैं मुट्ठी-भर पाठकों के लिए थोड़ी मासूमियत भरी ख़ुशी परोस कर खुश हूँ। यह पाने लायक इनाम है।

लेखक के तौर पर, अतिमहत्त्वपूर्ण घटनाओं की वास्तविकता दिखाने में मुझे मुश्किल होती है जैसे कि राष्ट्रों के बीच युद्ध या सत्ता की राजनीति आदि; मैं सहजता से लिख सकता हूँ सुबह की ओस और रात की शांत अनुकंपा के बारे में, बच्चों के सुख-दुःख पर और आम लोगों के प्रयासों पर, और बेशक उन हास्यास्पद परिस्थितियों के बारे में, जिनमें अक्सर हम खुद को पाते हैं।

हम दुःख, दर्द और त्रासदी को रोक नहीं सकते। फिर भी, अपने आसपास देखने पर हम पाते हैं कि अधिकतर लोग सच में जीवन का आनंद उठा रहे हैं!

कितनी प्यारी चीज़ें हैं देखने के लिए, करने को कितना कुछ, कितना मज़ा है जो उठाया जाना है और मिलने के लिए कितने प्यारे व दिलचस्प लोग—मेरी कलम कभी चलनी बंद कैसे हो सकती है?

—रस्किन बॉण्ड

कैसे शुरू करें?

हिम्मत करके शुरू करने से ही कीर्ति प्राप्त होती है।

तो शुरू कैसे करें? आसान है।

कागज़ और पेन (या लैपटॉप, स्लेट और स्लेट-पेंसिल) लें, आराम से मेज़-कुर्सी पर, आराम कुर्सी पर बैठें, अपनी ठुड्डी को हाथों पर टिकाएँ और अपने मन को घूमने के लिए खुला छोड़ दें।

शीघ्र ही आपको नींद आ जाएगी और आप सपने में देखेंगे कि आपने बेस्टसेलर किताब लिखी है। आप जाग कर देखेंगे कि आपका पहला वाक्य तो अभी लिखा जाना बाकी है।

इतना करना आसान है।

बाकी किताब मुश्किल हिस्से के बारे में है।

चैप्टर 1

शुरुआत करना

* लेखक होने के लिए आपमें कौन-से गुण होने चाहिए?
* लेखक होने के लिए सर्वाधिक आवश्यक बातें क्या हैं?
* क्यों लिखें?
* लिखे हुए शब्दों की ओर हमें क्या खींचता है?
* तरह-तरह के लेखक

01

किताब कोई भी लिख सकता है, मगर सब उसे पढ़ेंगे नहीं।

लेखक कोई भी बन सकता है, मगर अच्छा लेखक हर कोई नहीं बन सकता।

तो यह इतना आसान नहीं है जितना दिखाई देता है। मगर फिर भी सरल है। आपको केवल कागज़ की ज़रुरत है! सोचा जाए तो बस ज़रा-सा निवेश है। बाकी सब केवल दिमाग की उन धूसर कोशिकाओं यानी 'ग्रे सेल्स' पर निर्भर है जिनका उल्लेख अक्सर अगाथा क्रिस्टी के प्रतिभाशाली किरदार डिटेक्टिव एर्क्यूल पोआरो ने किया है।

और शुरुआत करने की अच्छी जगह है अगाथा क्रिस्टी। प्रकाशन के इतिहास में आखिर उनकी किसी दूसरे लेखक से अधिक किताबें बिकी हैं। कहा जाता है कि बाइबल की प्रतियाँ सर्वाधिक बिकी हैं। मगर बाइबल तो अक्सर मुफ्त में भेंट स्वरुप भी दी जाती है, तो हम धार्मिक ग्रंथों को गिनती में नहीं लेंगे। अगर आप को अगाथा क्रिस्टी चाहिए तो आप पैसे देकर किताब खरीदते हैं।

सभी पैसा कमाने के लिए नहीं लिखते। अपने लिखे के लिए पैसे दिया जाना मुझे अच्छा लगता है, मगर मुझे पैसे न भी मिल रहे होते तो भी मैं लिखता क्योंकि अच्छे शब्दों और वाक्यों में स्वयं को व्यक्त करना मुझे पसंद है। यह आत्म-अभिव्यक्ति का मामला है।

हम में से कुछ लोग कैनवस पर रंग लगा कर स्वयं को व्यक्त करते हैं। कुछ मधुर संगीत का सृजन कर या गाने-बजाने से ऐसा करते हैं। कुछेक फुटबॉल को किक करने से, क्रिकेट का बल्ला थामने से या उसेन बोल्ट की तरह तेज़ दौड़ने से स्वयं को व्यक्त करते हैं। मगर कुछ लोग

शब्दों से ऐसा करते हैं। यह जटिल हो सकता है, मगर बहुत संतोष भी देता है।

लेखक होने के लिए आपमें कौन-से गुण होने चाहिए?

मैं जहाँ भी जाता हूँ, युवा लेखकों से या ऐसे युवाओं से मिलता हूँ जो लिखना चाहते हैं और उन सब के पास मेरे लिए बहुत सवाल होते हैं। जो सत्तर साल तक लेखक के रूप में कायम रहा, ऐसे व्यक्ति के पास निश्चय ही देने के लिए कुछ सुझाव या 'टिप्स' (जैसा कि मेरे एक युवा मित्र ने कहा) होंगे या अपनी साहित्यिक यात्रा के उतर-चढ़ाव से सीखे हुए कुछ पाठ होंगे।

लेखक होने के लिए सर्वाधिक आवश्यक बातें क्या हैं?

जो लेखक बनना चाहते हैं उनमें अनेक गुण होने चाहिए। जैसे कि :

* किताबों से लगाव
* भाषा से प्रेम

* जीवन से प्यार
* चीज़ों पर ध्यान देने की आदत
* एक अच्छी याददाश्त
* उत्साह
* आशापूर्ण दृष्टि
* दृढ़ता

आखिरी गुण शायद इतना महत्त्वपूर्ण न लगे मगर अपनी साहित्यिक यात्रा में आप को इसकी आवश्यकता होगी—असफलता का सामना करने के लिए, दुनिया की उदासीनता को सहने के लिए, मुश्किल वक़्त और बीमारी के दौरान, कठिनाइयों के पेश आने पर—इन सब गरिस्थितियों में दृढ़ता काम आएगी। और अकेलेपन को स्वीकार करने की तत्परता भी।

क्योंकि लेखन ऐसा काम है जो हमें नितांत अकेला कर जाता है। क्योंकि अधिकाँश समय आप एकाकी होते हैं। आप अकेले ही काम करते हैं।

आप का हाथ पकड़ने वाला कोई नहीं होता। आपकी कलम आपकी उँगलियों के इशारे पर चलती है और आप की उँगलियाँ आप के भीतर बैठी प्रेरक आत्मा से संचालित होती हैं—इस प्रेरक आत्मा ने आपको लेखक बना दिया है, अब आप डूबें या पार उतरें!

इसमें कोई शक नहीं कि तैर कर पार हो जाना बेहतर है. और इसी लिए मैंने यह छोटी-सी किताब लिखी है—आप की मदद करने के लिए, मेरे दोस्त, ताकि आप धारा के विपरीत तैर पाएँ और इस एकाकी यात्रा पर चल पाएँ।

क्यों लिखें?

सच में, आखिर क्यों?

इसे करने के लिए सोच-विचार और परिश्रम की आवश्यकता है। इसके लिए थोड़ा शब्द-कौशल चाहिए। इसमें बहुत समय लगाना पड़ता है। इसमें काफी मेहनत करनी पड़ती है, शारीरिक भी और मानसिक भी। यह कोई खाला जी का घर नहीं है।

तो फिर हम क्यों लिखते हैं? ऐसा क्यों है कि हम में से इतने लोग—खासकर युवा लोग—स्वयं को उस भाषा में व्यक्त करना चाहते हैं जिसे हम जानते हैं और प्रेम करते हैं? किसी का रुझान कविता की ओर होता है। दूसरों का कहानी की ओर। कोई आत्मकथा लिखना चाहता है। किसी को इतिहास-लेखन, जीवनी, यात्रा संस्मरण या विज्ञान में रुचि है—या विज्ञान साहित्य में!

लिखे हुए शब्दों की ओर हमें क्या खींचता है?

देखा जाए तो, काफी हद तक आत्म-अभिव्यक्ति हमें आकर्षित करती है—अपने ख्यालों और भावनाओं को शब्दों का जामा पहना कर ठोस आकार देना; या अपनी कल्पना का इस्तेमाल करते हुए अपनी आसपास की दुनिया में से काल्पनिक या सच्ची कहानियाँ गढ़ना।

तरह-तरह के लेखक

एक तो आत्मनिष्ठ लेखक होता है जो अपने ही जीवन में से लिखने की सामग्री जुटाता है। और वस्तुनिष्ठ लेखक दूसरों के बारे में लिखता है—जैसा वह उन्हें देखता है।

आप एमिली ब्रॉंटे की तरह आत्मनिष्ठ और भावप्रवण हो सकते हैं। या साकी अथवा सॉमरसेट मॉम की तरह रूखे और वस्तुनिष्ठ। चाहें तो अपराध कथाएँ लिख सकते हैं। या बच्चों के लिए लिख कर उनकी साहित्य से दोस्ती करवा सकते हैं।

हम में से कुछ केवल अपने लिए लिखते हैं, स्वांतःसुखाय...

और कुछ दूसरों को सुख देने के लिए।

और कुछ लोग ख्याति और संपत्ति के लिए लिखते हैं। इसमें क्या खराबी है? कोई नहीं।

अगर हम इतने कुशल हैं कि सिर्फ लेखन से जीविका चला सकते हैं, तो इस से बेहतर कोई काम नहीं हो सकता। जो करना पसंद है उसी से कमा पाना—इस से अच्छा क्या हो सकता है? और इस राह पर चलते हुए अगर हमें लोकप्रियता, प्रसिद्धि और धन भी मिलता है तो हमें उसे एक बोनस समझना चाहिए, आकाश में (या जहाँ भी वे रहते हैं) रहने वाले उन सबसे बड़े लाइब्रेरियन की ओर से मिला पारितोषिक !

महत्त्वाकांक्षा हमारे प्रयास की प्रेरणा स्रोत है। ऊँचा लक्ष्य तय कीजिये। और अगर आप चोटी तक नहीं भी पहुँच पाते, नीचे से काफी ऊपर तो पहुँच ही चुके होंगे!

और वहाँ पहुँचने का सब से अच्छा रास्ता है...
किताबें पढ़ना।

चैप्टर 2

तैयारी

* किताबें पढ़ना
* एक जाना-पहचाना परिवेश खोजना
* फंतासी, भी, लेकिन

स्वयं को लेखक बनने का प्रशिक्षण देना

* लेखक की दिनचर्या
* नोट्स का महत्त्व
* तैयार रहें क्योंकि कोई अच्छा विचार किसी भी समय कौंध सकता है
* सपने भी

02

किताबें पढ़ना

हर सफल लेखक अपनी सफलता का बड़ा श्रेय उन किताबों और लेखकों को देता है जिन्हें उसने बचपन में पढ़ा है।

सृजनात्मक बुद्धि के लिए किताबें अनिवार्य हैं, और अच्छे पाठक ही आगे जा कर अच्छे लेखक बनते हैं।

बचपन में जिस किताब ने मुझे सबसे अधिक प्रभावित किया वह चार्ल्स डिकेंस की *डेविड कॉपरफील्ड* थी। यह एक आत्मकथात्मक उपन्यास है और शायद डिकेंस की सबसे प्रीतिकर रचना है जो यादगार पात्र और अविस्मरणीय पलों से जीवंत है। छुटपन में ही डेविड अपने पिता को खो देता है और दुष्ट सौतेले पिता के हाथों क्रूरतापूर्ण व्यवहार सहता है जो उसे पास के कारखाने में काम पर लगवा देते हैं। डेविड वहाँ से भाग जाता है और अपने सनकी अंकल-आंटी के यहाँ पनाह पाता है। बड़ा हो कर वह एक सफल लेखक बनता है।

मेरा बचपन इस कहानी से मिलता-जुलता था और डेविड मेरे लिए आदर्श बन गया, यहाँ तक कि मैं भी घर से भाग गया और दो दिन बाद लौटा जब मेरे जेबखर्च के पैसे ख़त्म हो गए। मैं बहुत व्यवहारिक डेविड निकला! मैं ज़्यादा देर तक भूखे रहने में विश्वास नहीं करता था। और लेखक भूखे रहें भी क्यों?

अगर आप ज़रा भी अच्छे हैं तो अपनी कलम से आप जीविका चला सकते हैं—जैसा कि मैं सत्तर सालों से करता आया हूँ।

मैं बारह वर्ष का था जब मैंने *कॉपरफील्ड* पढ़ी थी और आगे चल कर मैंने डिकेंस की लगभग सभी रचनाएँ पढ़ीं और मेरी सब से पसंदीदा थीं *निकोलस निकलबी, पिकविक पेपर्स एवं आवर म्यूच्यूअल फ्रेंड*। डिकेंस के पास अच्छे वृहद पात्र, बढ़िया माहौल और यादगार दृश्य रचने की क़ाबलियत थी—जैसे जब भाग कर डेविड अपनी आंटी के घर पहुँचता है तो देखता है कि वे अपने बगीचे से गधों को खदेड़ रही हैं; या मिस्टर मिकॉबर (यह किरदार डिकेंस के पिता पर आधारित था) जो लेनदारों से बचने के लिए रोशनदान से अपने घर में प्रवेश करते थे। कितने सजीव दृश्य...

डिकेंस की कोई भी किताब खोल लीजिये, पहली चंद पंक्तियाँ ही आपको बाँध लेंगी।

ये *आवर म्यूच्यूअल फ्रेंड* की शुरूआती पंक्तियाँ हैं :

"हमारे ही इस समय में, हालाँकि एकदम सही वर्ष बताने की आवश्यकता नहीं, एक नाव दो मैले फटेहाल व्यक्तियों को लिए, लोहे से बने साउथआर्क पुल और पत्थर से बने लन्दन पुल के बीच, पतझड़ की एक ढलती शाम को, थेम्स नदी पर तैर रही थी।"

यह देखिए, कैसे चंद पंक्तियों में (केवल एक अनुच्छेद), आप को कहानी का स्थान (लन्दन और नदी) व मौसम पता चल जाता है और पुरानी नाव में सवार अनजान लोगों से एक रहस्मय माहौल भी बन जाता है। और अगर आप आगे जानना चाहते हैं तो पढ़ते जाइए...

एक जाना-पहचाना परिवेश खोजना

वह जगह पहचानी हुई होनी चाहिए, जिस के बारे में आप लिखने जा रहे हैं।

मैंने युवा लेखकों को—जो कहानियाँ या उपन्यास लिखने की इच्छा रखते हैं—हमेशा यही सलाह दी है कि अपनी कहानी को उसी जगह में स्थित करें जिसे वे जानते हैं। अपने गृहनगर के बारे में लिखें या उन जगहों के बारे में जहाँ आप पले-बढ़े है, अपने मोहल्ले के बारे में, जाने-पहचाने दृश्यों, ध्वनियों, लोगों, जंगली या पालतू जानवरों, जंगलों या कारखानों, हाइवे या छोटे शहर की गलियों के बारे में लिखेंगे तो अपनी

दुनिया को अपने शब्दों में जीवंत करने की अधिक संभावना है। दूर-दराज़ की अजनबी जगहों के वर्णन में वह बात नहीं होगी।

डिकेंस के लिए उसका अपना स्थान लंदन था। डिकेंस लंदन से पूरी तरह परिचित थे और उनके बेहतरीन उपन्यास इस हलचल वाले कोलाहलपूर्ण शहर में स्थित हैं। एमिली ब्रॉंटे के लिए वह स्थान यॉकशह का बीहड़ घास-भरा मैदान था। थॉमस हार्डी के लिए वेसेक्स था। गी द मोपासां के लिए यह जगह पेरिस थी। मार्क ट्वेन के लिए मिसीसिपी। विलियम फाकनर के लिए अमरीका का सुदूर दक्षिण क्षेत्र था, टैगोर के लिए बंगाल का देहात और आर.के. नारायण के लिए मालगुड़ी। प्रेमचंद के लिए भारत के गाँव थे, वी.एस. नायपॉल के लिए वेस्ट इंडीज़। जोसफ कॉनराड के लिए यह स्थान समुद्र था—चाहे समुद्र उन्हें कहीं भी ले जाए। सॉमरसेट मॉम व ग्राहम ग्रीन ने अपने उपन्यासों एवं कहानियों को अलग-अलग देशों में स्थित किया, मगर वे उन सब जगहों को देख चुके थे

और उन से भली-भाँति परिचित थे। तो अगर आप किसी दूसरे देश के जीवन के बारे में लिखना चाहते हैं तो आप को वहाँ जाना होगा, रहना होगा।

फंतासी, भी, लेकिन...

अगर आप अपनी लगाम कल्पना के हाथों में थमा सकते हैं तो आप एक फंतासी लिख सकते हैं। मगर याद रहे, *ऐलिस इन वंडरलैंड* अंग्रेज़ियत में डूबी किताब है। *विज़र्ड ऑफ़ ऑज़ का स्वाभाव और माहौल पूरी तरह अमरीकी है।* *पिनोकियो* इतालवी है, *पंचतंत्र* पूर्णतया भारतीय और *अरेबियन नाइट्स* एकदम अरबी है! ये फंतासियाँ अपने-अपने देशों की संस्कृति व भाषा पर आधारित हैं और वहीं से उपजी हैं। यहाँ तक कि कोई विज्ञान कथाओं का लेखक भी अपनी जड़ों से अलग नहीं हो सकता। उसे भी पैर टिकाने के लिए कोई परिवेश चाहिए।

स्वयं को लेखक बनने का प्रशिक्षण देना

लेखक की दिनचर्या

क्या आप को हर रोज़ कुछ लिखना चाहिए?

रोज़ कुछ न कुछ लिखना, एक-आध पन्ना ही सही उपयुक्त रहेगा। मगर अपने साथ सख़्ती न बरतें। अगर आपका सर दर्द कर रहा है या मन नहीं कर रहा तो लिखने से थोड़ा विराम लें, मगर ज़्यादा देर के लिए नहीं!

क्या लिखने के लिए नियम चाहिए?

दिन का कोई ख़ास समय है जो लिखने के लिए आप को बेहतर लगता है?

अलस्सुबह का समय मुझे उपयुक्त लगता है, क्योंकि उस वक्त शोर नहीं होता। मगर देखिये, यह मैं भरी दोपहर में लिख रहा हूँ क्योंकि मेरा इस समय लिखने का मन किया। कभी-कभी आधी रात को कोई बढ़िया विचार कौंध जाता है तो मैं बत्ती जला कर उसे लिख लेता हूँ ताकि वह

बिसर न जाए। हमेशा एक नोटबुक पास रखिए, खासकर जब आप यात्रा कर रहे हों।

नोट्स का महत्त्व

यहाँ मेरा मतलब बैंक नोट्स नहीं (जो बहुत ज़रूरी हैं और हमारे जीवन के आड़े वक्तों में खूब काम आते हैं) बल्कि वे छोटी-बड़ी टिप्पणियाँ हैं जो हम समय-समय पर अपने नोटबुक में लिख लेते हैं।

जो लेखक पूरा समय लिखना चाहता है, व्यावसायिक स्तर पर लिखना चाहता है, उसके लिए नोटबुक अनिवार्य है।

सॉमरसेट मॉम की *अ राइटर्'स नोटबुक* अपनी तरह की बेस्टसेलर थी। हर लेखक को एक सुविधाजनक स्थान चाहिए जहाँ वह अपने विचार, सोच, टिप्पणियाँ, नायाब जुमले, अच्छे शब्द या पंक्तियाँ दर्ज कर सके और भविष्य में उनका इस्तेमाल कर सके। अगर इस तरह दर्ज न किया जाए तो सब भूल जाता है।

तैयार रहें क्योंकि कोई अच्छा विचार किसी भी समय कौंध सकता है

और जैसा कि मैंने पहले कहा, कभी जब देर रात कोई विचार कौंध जाता है (खासकर तब जब मुझे अच्छे से नींद न आयी हो), मैं बत्ती जला कर उसे संक्षेप में लिख लेता हूँ, नहीं तो वह भूल जाएगा, दिमाग से निकल जायेगा और हमेशा के लिए खो जाएगा। तो नोटबुक पास रखें। चाहें तो डायरी रख लें। मगर डायरी पूरे लेखन पर हावी भी हो सकती है, और आप पाते हैं की आप डायरी को अधिक और कल्पनाशीलता को कम समय दे पा रहे हैं।

मेरा पहला उपन्यास *द रूम ऑन द रूफ* एक डायरी पर आधारित था जो मैं सोलह बरस की आयु में लिखा करता था। मगर उसे उपन्यास में रूपांतरित करने की प्रक्रिया में दो बार उसकी कायापलट करनी पड़ी। और जो रचना तैयार हो कर सामने आई (दो साल के बाद) वह काल्पनिक थी और मूल डायरी से थोड़ी ही मिलती-जुलती थी!

सपने भी

कभी-कभी मैं अपने सपने भी लिख के दर्ज कर लेता हूँ। सपनों को कहानियों में बदला जा सकता है।

कई कथाएँ—महान कथाएँ—लगभग लगभग पूरी ही सपने-जैसी हैं।

ऐलिस इन वंडरलैंड, द विज़र्ड ऑफ़ ऑज़, द वाटर बेबीज़, अ मिडसमर नाइट्स ड्रीम।

सब सपने हैं! और आप उनके लेखकों को तो जानते ही

हैं। ल्युइस केरल, फ्रैंक बॉम, चार्ल्स किंग्सले, विलियम शेक्सपियर। सब बड़े-बड़े नाम।

उदाहरण के तौर पर मेरा एक सपना है जो मैंने अपनी नोटबुक में पिछले साल दर्ज किया था, कोलकाता साहित्यिक गोष्ठी में शामिल होने के बाद।

सपने में, नहाने के बड़े-से टब में तीन-चार तकिए और गद्दियाँ लगा कर, पूरे कपडे पहने हुए, बॉल-पेन और लिखने का पैड लिए मैं घुस जाता हूँ। बहुत आरामदायक है। लिखने के लिए बेहतरीन जगह। मगर तभी कोई दरवाज़े से अचानक आ कर अपने सेल फ़ोन से तस्वीर उतार लेता है। अगली सुबह द *टेलीग्राफ* में तस्वीर इस शीर्षक के साथ प्रकाशित होती है 'रस्किन बॉण्ड लिखने का काम बाथ-टब में करते हैं'। सपना ख़त्म हो जाता है।

अच्छी बात यह है कि मैं कपडे पहने हुए था, नहीं तो तस्वीर का शीर्षक यह हो सकता था 'रस्किन बॉण्ड लिखने का काम नग्नावस्था में करते हैं'। सेश्ल्स के किसी निर्जन समुद्रतट पर ऐसा हो तो बेहतर है।

सिग्मंड फ्रायड ने सपनों के मायनों के बारे में एक भारी-भरकम किताब लिखी थी—*इंटरप्रिटेशन ऑफ़ ड्रीम्स*। मगर उस से मुझे अपने सपनों को समझने में कोई मदद नहीं मिली। मैं एक वृद्धा को जानता हूँ जो सपनों के मायने बताया करती थीं। वे कहती थीं कि मेरे सपने अधिकतर असुरक्षा का भाव दर्शाते हैं। अधिकतर लेखक असुरक्षा के भाव से ग्रस्त रहते हैं, डॉक्टर फ्रायड स्वयं भी, क्योंकि वे लगातार नाज़ियों द्वारा उत्पीड़ित किये गए थे, जैसे कि असंख्य और लेखक तानाशाही सरकारों द्वारा सताए गए हैं।

चैप्टर 3

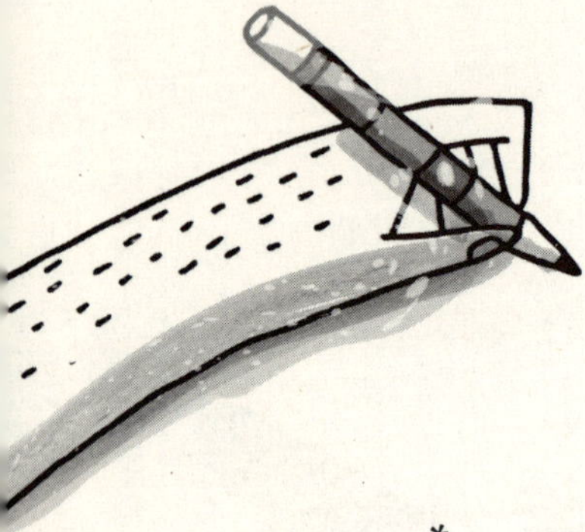

लेखन

* शब्द
* लेखक पैदाइशी होते हैं या बाद में बनते हैं?
* शब्दों का इस्तेमाल
* स्टीरियोटाइप से बचना
* मौलिक होना
* शैली
* अपनी शैली और अपना स्वर खोजना
* कहानी अचानक कहीं भी मिल सकती है
* सही लिखना

03

शब्द

सच में, सारा खेल शब्दों का ही है।

शब्दों का रोचक तरीके से इस्तेमाल करना चाहिए—सन्देश पहुंचाने के लिए, कहानी सुनाने के लिए, अतीत को याद करने के लिए, वर्तमान में जान फूंकने के लिए, अपने विचार और भावनाओं को व्यक्त करने के लिए, अपने आसपास के जीवन के किसी मंज़र को क़ैद कर लेने के लिए।

“सही शब्द का इस्तेमाल करो, बॉण्ड,” मेरे अंग्रेजी के अध्यापक मिस्टर नाईट मुझ से कहा करते थे जब मैं

स्कूल में था। "मुश्किल और पेचीदा शब्दों का इस्तेमाल मत करो। उन्हें सरल और सटीक रखो। अपने पाठकों को हैरान मत करो।"

पाठक को परेशान करना और उनकी रुचि कम करना—ये उस लेखक के मुख्य अवगुण हैं जो पाठक को अपने शब्द-ज्ञान और लम्बे घुमावदार वाक्यों से प्रभावित करने की कोशिश कर रहा है।

शब्द ही दुनिया को संचालित करते हैं।

इसलिए अपने शब्दों और वाक्यों को सरल रखें। स्पष्टता से बोलें और लिखें। जो अस्पष्टता पहले से ही चारों ओर विध्यमान है, उसमें और बढ़ोत्तरी न करें।

लेखक पैदाइशी होते हैं या बाद में बनते हैं?

यह सवाल मुझ से अक्सर पूछा जाता है। एक अच्छे लेखक में कुछ स्वाभाविक गुण हो सकते हैं। ये सब वे गुण हैं जो जन्म से हम सब के पास होते हैं—विवेक,

संवेदनशीलता, कल्पनाशक्ति और ध्यान से देखने वाली नज़र। और फिर ऐसे गुण भी हैं जो हर किसी के पास नहीं होते, जिनमें से एक है रचनात्मकता। मगर एक लेखक के स्वभाव का हिस्सा होने के लिए इन अनोखे गुणों को भाषा के प्रयोग में एकाग्र होना होगा। यहाँ शब्द महत्त्वपूर्ण हो जाते हैं।

शब्दों का इस्तेमाल

भारी-भरकम शब्दकोश शब्दों से भरा हुआ है। उसे खोल कर कोई भी शब्द चुन लें। कोई भी शब्द लें—बिना सोचे समझे—और देखें आप उसको कैसे इस्तेमाल कर सकते हैं। या दूसरे लेखकों ने उसका कैसे इस्तेमाल किया है।

यह रहा एक आसान शब्द। 'फैट' यानी 'मोटा'। तो, हम में से कुछ लोग मोटे होते हैं, कुछ दुबले-पतले। चार्ल्स डिकेंस के द *पिकविक पेपर्स* में एक मोटा लड़का है जो स्मरण हो आता है, और शेक्सपियर के पात्र फालस्टाफ भी एक स्थूल सज्जन हैं। स्थूल शब्द किसी को शिष्ट तरीके से 'मोटा' या 'फैट' कहने के लिए इस्तेमाल होता है, जो स्थूल हैं वे मोटे तो हैं मगर मोटापा उन पर अच्छा

दिखता है। शायद आप के कोई चाचा या ताऊ मोटे हों, मगर आप उन्हें 'मोटू' या 'ऐ मोटे' तो नहीं कह कर पुकारेंगे न; इस तरह तो आपका अच्छा-भला रिश्ता ही टूट जाएगा। 'फैट' माने 'चर्बी' या 'वसा' जो हमारे शरीर का ज़रूरी हिस्सा है, और उसके बिना हमारा काम नहीं चल सकता। वह हमारे खाने में भी है। जैसा कि मैंने तब जाना था जब अपनी पहली किताब उठाई थी—*अ बुक ऑफ़ नर्सरी राइम्स*—और यह बाल-गीत पढ़ा था :

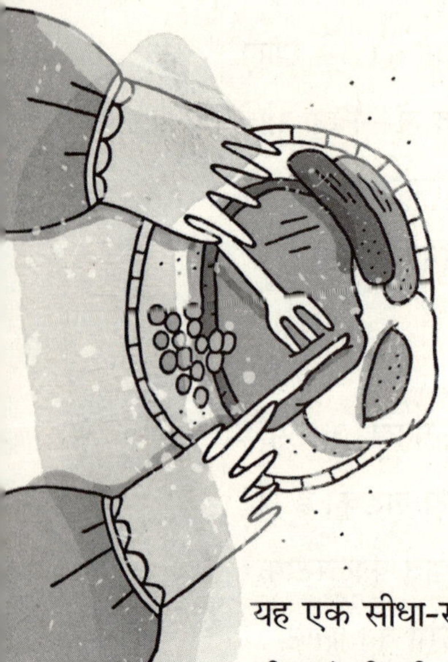

जैक स्प्रैट

नहीं खा सकता चर्बी
उसकी बीवी न खाती मांस,
है खाती केवल चर्बी
इसी तरह दोनों ने मिलकर
पूरी साफ़ थाली कर दी।

यह एक सीधा-सादा बाल-गीत है मगर मिलकर खाना खाते श्री एवं श्रीमती स्प्रैट की तस्वीर आँखों के सामने खींच लाता है।

पाश्चात्य साहित्य में हम दुबला-पतला होने को कुटिलता और प्रतिशोध की भावना से क्यों जोड़ते हैं? शायद ऐसा शेक्सपियर की वजह से है। "वह कैशियस दुबला और भूखा दिखता है, सोचता बहुत है: ऐसे लोग खतरनाक होते हैं।" यह कलम का कमाल है। क्या दुबले लोग खतरनाक होते हैं? हरगिज़ नहीं। मगर कैशियस था, और हम कैशियस को याद रखते हैं।

मोटे लड़कों को अक्सर लालची कहा जाता है। लेकिन कभी-कभी मोटे होने का खाने से कोई लेना-देना नहीं होता, वह शारीरिक व्याधि भी हो सकती है।

स्टीरियोटाइप से बचना

बतौर लेखक हमें स्टीरियोटाइप बनाने से परहेज़ करना चाहिए

स्टीरियोटाइप? फिर से शब्दकोष देखना पड़ेगा। "किसी व्यक्ति या वस्तु की ठेठ विशेषताओं के बारे में सरलीकृत धारणा।" शब्दकोष भी उलझा देते हैं! मैं समझाने का प्रयास करता हूँ : लॉन्ग जॉन सिल्वर (*ट्रेज़र आइलैंड* का समुद्री डाकू) बढ़िया ढंग से गढ़ा एक मौलिक पात्र है। मगर यदि मैं या आप हूबहू वैसा ही पात्र रचने की कोशिश करें तो हम एक स्टीरियोटाइप रचेंगे, एक गत्ते का अस्वाभाविक-सा पुतला, कोई सचमुच का व्यक्ति नहीं।

मौलिक होना

एक अच्छा और सफल लेखक होने के लिए आप को मौलिक होना चाहिए

अपने खुद के पात्र गढ़ें। वे किसी सचमुच के व्यक्ति पर आधारित हो सकते हैं, मगर दूसरे लेखकों के पात्रों पर नहीं। मौलिकता ही सबकुछ है। हमें लेखक चाहिए, नकलची बन्दर नहीं। औरों से अलग दिखाई दें। केवल

एक ही चार्ल्स डिकेंस हुए हैं, एक ही एमिली ब्रॉंटे, एक ही मोपासां, एक प्रेमचंद, एक टैगोर, एक ही पी. जी. वोडहाउस। वे महान थे क्योंकि वे औरों से अलग थे। उनका अपना अनोखा स्वर था। जब हम उनकी रचनाएँ पढ़ते हैं तो लगता है मानो हम उन्हें सुन रहे हैं। उनका लिखने का अपना अंदाज़ था, अपनी शैली।

शैली

जी हाँ, अच्छे लेखन में शैली महत्त्वपूर्ण है।

बड़े होते-होते आप बहुत-से शब्द और शब्दों को वाक्यों में पिरोना सीख चुके हैं। आप खूब किताबें पढ़ चुके हैं— श्रेष्ठतम साहित्य, कविताएँ, लोकप्रिय साहित्य --आपने देखा है कैसे विभिन्न लेखक अलग-अलग ढंग से शब्दों का प्रयोग करते हैं और वाक्य बनाते हैं। अब आप को अपने वाक्य बनाने हैं, अपनी शैली विकसित करनी है।

अपनी शैली और अपना स्वर खोजना

एक युवा लेखक के लिए आसान और प्रवाहशील शैली सब से अच्छी है। अपने वाक्यों की लम्बाई बदलते रहें मगर उन्हें बहुत लम्बा और जटिल होने से बचाएँ। लघु कथा-लेखन में माहिर सॉमरसेट मॉम की शैली का अध्ययन करें। वे बहुत सादा तरीके से लिखते हैं, मगर उन्हें अपने पात्रों के मन और मस्तिष्क में पहुँचने का, कथा सुनाने का और कथानक के साथ आपको भी बहा ले जाने का गुर आता है।

ये रहे मॉम के कुछ गुण :

* उनके पास सुनाने के लिए रोचक कहानी है।
* उनके पात्र वास्तविक और दिलचस्प हैं ।
* वे शब्द व्यर्थ नहीं करते।
* वे चीज़ों को गौर से देखते हैं और नोटबुक पर उतार लेते हैं।
* उनकी लेखन शैली जानी-पहचानी है।

मॉम के उपन्यासों और लघु-कथाओं के अलावा, उनकी

एक किताब मेरे लिए तब मददगार साबित हुई जब मैं अपनी लेखन यात्रा शुरू ही कर रहा था। वह उनकी *अ राइटर्स नोटबुक* थी जो कि आधी डायरी, आधी यात्रा-वृत्तांत थी। इसमें वे लेखन कला के प्रति अपने दृष्टिकोण, अपनी सफलताओं और असफलताओं, जीवन के प्रति अपने नज़रिए, अपनी यात्राओं और अन्य लेखकों की रचनाओं के बारे में हमें बहुत कुछ बताते हैं। लघु-कथा में महारत रखने वाले गी द मोपासां के प्रति मॉम अपना आभार भी व्यक्त करते हैं।

मोपासां यथार्थवादी थे, मगर एक कल्पनाशील यथार्थवादी थे—दोनों ही गुण एक साथ थे जो मिलकर उत्तम साहित्य की रचना करते हैं।

कहानी अचानक कहीं भी मिल सकती है

आपने कुछ देखा—आप किसी से मिले—सड़क पर घटी घटना—फोन पर हुई बातचीत—इन सब से कहानी की शुरुआत हो सकती है। मगर इन अचानक हुई घटनाओं या बातों में से ही आपको अपनी कहानी रचनी है।

अपनी कल्पनाशक्ति का इस्तेमाल कर आप कहानी को आगे बढ़ा सकते हैं, किसी पात्र या पात्रों को ठोस रूप और आकार दे सकते हैं। इस कहानी को आपको कहीं लेकर जाना है, अर्थ प्रदान करना है और पाठक की स्मृति में स्थापित कर देना है।

कितनी ऐसी कथाएँ हैं जिन्हें हम भूल नहीं सकते क्योंकि उन्होंने हमें चौंका दिया, भीतर तक झकझोर दिया, हमें सोचने पर मजबूर कर दिया, हमारी उत्सुकता को बढ़ा दिया...ऐसी कहानियों की एक फ़ेहरिस्त बना लेनी चाहिए। उन्हें दोबारा पढ़ें। उनके प्रभाव को जज़्ब करें।

सही लिखना

केवल लेखक न बनें।

अच्छे लेखक बनें।

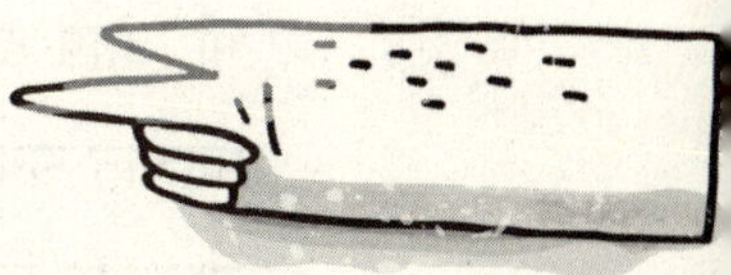

महान विधि-निर्माता मनु ने कहा था कि भोजन हमें पोषण देता है और हमें उसका आदर करना चाहिए। और लेखक को उस भाषा का सम्मान करना चाहिए जिसमें वह

लिखता है।

व्याकरण अच्छे से सीखें। ध्यान दें कि आप अल्पविराम, अर्धविराम और विराम कहाँ लगाते हैं। ऐसे लिखें कि आपके वाक्य अर्थपूर्ण हों।

शब्दों को पिरो कर सुन्दर व अर्थपूर्ण वाक्य बनाएँ। अपनी खुद की शैली विकसित करें।

अगर आप उपन्यास या कहानी लिख रहे हैं तो कथानक को आगे बढ़ाने के लिए, किसी पात्र के चरित्र को उभारने के लिए, घटनाक्रम को नाटकीय बनाने के लिए संवाद यानी डायलॉग का इस्तेमाल करें। डिकेंस संवाद लिखने में माहिर थे। मार्क ट्वेन भी। और पी. जी. वोडहाउस भी; आप उनके पात्रों को उनके बोलने के लहज़े से पहचान सकते हैं। और रिचमल क्रॉम्पटन भी बढ़िया डायलॉग लिखते थे। उन्होंने 'विलियम' कथाओं की रचना की थी जो मैंने बचपन में पढ़ी थीं। और जे. के.

रोलिंग भी जो हैरी पॉटर की रचयिता हैं। और आर्थर कॉनन डॉयल जिन्होंने शरलॉक होम्स की रचना की; और अगाथा क्रिस्टी जिन्होनें एर्क्यूल पोआरो की। इन सब की कहानियाँ, उपन्यास इनके पात्रों के संवादों से सजीव हो उठते हैं।

चैप्टर 4

पात्रों की रचना

पात्रों की रचना

पात्रों की रचना

- अमर पात्रों की रचना
- अपने पात्रों को बूढ़ा न होने दें

04

अमर पात्रों की रचना

अब विलियम का ही उदाहरण लेते हैं। एक ग्यारह साल का लड़का, जिसके कारनामों ने मेरा खूब मनोरंजन किया जब मैं स्वयं एक ग्यारह वर्षीय पाठक था। विलियम कुछ-कुछ अव्यावहारिक था, एक कल्पनाशील विद्रोही जो सदा किसी मुश्किल में फँस जाता था और उतनी ही चतुराई से निकल भी आता था।

यहाँ वह विस्तार से अपनी आकांक्षाओं के बारे में एक दयालु नौकरानी को बता रहा है :

"तुम्हें हैरानी होगी," उसने कहा, "अगर तुम्हें पता चले कि मैं असल में क्या हूँ।"

"बताओ तो", वह ठी-ठी कर के हंस पड़ी। "क्या हो तुम?"

"मैं खदान से सोना निकलने वाला हूँ," वह बोला। "मेरे पास सोने से लदे कितने ही जहाज़ हैं। नहीं तो बहुत जल्द हो जाएँगे... तुम्हारे पास भी बहुत सारे सोने के डले होंगे। यह देखो।" फिर राजसी हाव-भाव के साथ एक चाकू उठाया और अपने कोट के बीच से तीन बटन काट कर उसे दे दिए। "तुम इन्हें रखो और ये एक तरह की निशानी होगी। देखा? शायद मैं तुम से शादी कर लूँ," उसने वायदा किया, "अगर मैंने किसी और से शादी न कर ली तो।" (जस्ट विलियम से)

रिचमल क्रॉम्पटन एक स्कूल टीचर थे जो लेखक बन गए और उन्होंने लगभग तीस वर्षों में तीस से अधिक 'विलियम' किताबें लिख डालीं। मगर उन सब में विलियम उसी उम्र का रहता है और हम नहीं चाहते कि वह बड़ा हो जाए। टॉम सॉयर और टिनटिन की तरह, वह अमर पत्रों में से एक है।

किस्सों-कहानियों में सबसे सफल पात्र अक्सर चिरयुवा रहते हैं, बदलते नहीं।

शरलॉक होम्स स्थायी रूप से अपने बेकर स्ट्रीट के फ्लैट में स्थापित है। जब अगाथा क्रिस्टी ने अपने पहले उपन्यास द *मिस्टीरियस अफेयर एट स्टाइल्स* में हमारा परिचय एर्क्यूल पोआरो से करवाया तो वे बेल्जियम की पुलिस सेवा से रिटायर हो चुके थे। वे इतने लोकप्रिय हो गए कि उनकी उम्र को लेकर लेखिका को मुश्किल का सामना करना पड़ा क्योंकि चालीस साल बाद भी, वे अपने मस्तिष्क की 'छोटी ग्रे कोशिकाओं' का इस्तेमाल कर, केस सुलझा रहे थे। रेक्स स्टाउट का थुलथुल डिटेक्टिव नीरो वुल्फ कभी अपने घर या अपने आर्किड-भरे कमरों को छोड़ बाहर नहीं जाता। व्यायाम करने से इनकार करने के बावजूद, वह लम्बे समय तक जीता रहता यदि उसके रचियता (यानी लेखक) वैसा चाहते।

अपने पात्रों को बूढ़ा न होने दें

अगर आप एक लोकप्रिय पात्र रचना चाहते हैं, उसे कभी बूढ़ा होने की इजाज़त न दें। पी.जी. वोडहाउस की पचास से भी अधिक वर्षों की सफलता के पीछे जीव्ज़ जैसा उम्दा बटलर और उसके मूर्ख मालिक बर्टी वूस्टर जैसे किरदारों की रचना थी; या लॉर्ड एम्ज़वर्थ और ब्लैंडिंग्स कैसल के सभी सनकी बाशिंदे; या ड्रोन्स क्लब के सदस्य; या उकरिज, जो हमेशा कड़की में होता मगर लाखों कमाने के सपने देखता।

ऐसे किरदार वास्तविक जीवन में नहीं हो सकते थे। मगर उनका अपना ही जीवन था। अपनी ही दुनिया थी जो कि अंग्रेजी भाषा पर बढ़िया पकड़ रखनेवाले एक माहिर शिल्पकार द्वारा रची गई थी। और ये पात्र हमेशा उसी उम्र के रहे!

चैप्टर 5

किसके बारे में लिखें?

लोकप्रिय विषय

- हास्य कथा
- राजनीतिक व्यंग्य
- भूत-पिशाच और शिकार की कहानियाँ
- हॉरर
- घर-परिवार और व्यक्ति
- स्कूल कथाएँ
- शीर्षक

05

लोकप्रिय विषय

हास्य

पचास वर्षों में लगभग सौ से भी ऊपर हास्य उपन्यास व कहानियाँ लिख पाना कोई मज़ाक की बात नहीं। सिर्फ पी.जी. वोडहाउस ऐसा कर सकते थे।

हर कोई आसानी से हास्य नहीं लिख पाता

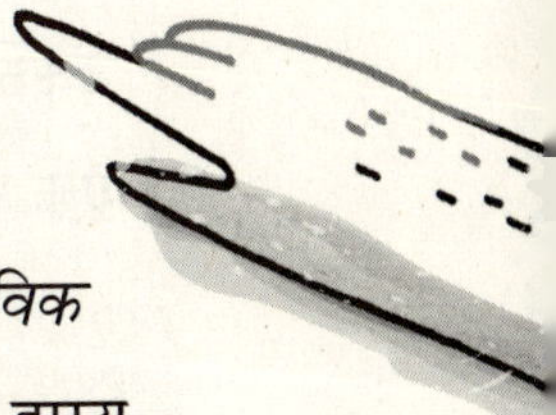

लॉरेंस स्टर्न के *ट्रिस्ट्रम शैंडी* और डिकेंस के *पिकविक पेपर्स* से शुरू हो कर बीते वर्षों में कुछेक बेहतरीन हास्य उपन्यास पढ़ने को मिले हैं, लेकिन वे शायद ही कभी

दोहराए गए हैं। जेरोम के जेरोम का *थ्री मेन इन अ बोट* एक महान कृति है और उसके बाद आई *थ्री मेन ऑन द बम्मल* उतनी ही मज़ेदार है, लेकिन उतनी सफल नहीं हो पाई। ('बम्मल' जर्मन भाषा का शब्द है, जिसका अर्थ है ऐसी यात्रा जिसका कोई गंतव्य तय नहीं है) जॉर्ज और वीडन ग्रॉसस्मिथ की *डायरी ऑफ़ अ नोबडी* अत्यंत हास्यप्रद है, लेकिन वह अपनी तरह की इकलौती किताब है। डब्ल्यू.डब्ल्यू. जेकब ने नाविकों और उनकी पत्नियों के बारे में हास्यप्रद कहानियों की पूरी श्रृंखला लिखी थी, मगर आजकल उन्हें कम पढ़ा जाता है। लोकप्रिय साहित्य के क्षेत्र में भी फैशन बदलता रहता है।

सफल हास्य लेखक अपना एक विशिष्ट स्वर पा लेते हैं, जिस से उनकी रचनाएँ आसानी से पहचानी जा पाती हैं। हमारे अपने आर.के. नारायण में यह गुण था, और वह उनकी मालगुड़ी कथाओं में दिखाई देता है। व्यंग्य की एक सूक्ष्म लहर।

राजनीतिक व्यंग्य

राजनीतिक व्यंग्य एक अलग ही विधा है। वह वर्तमान में स्थित होता है और समय के साथ अपनी रोचकता खो देता है। बाल्कन का राजनीतिक षड्यंत्र सौ साल पहले लोगों के लिए दिलचस्प होता होगा, मगर आज उसके बारे में कौन पढ़ना चाहता है?

अगर आप राजनीतिक व्यंग्य लिखना चाहते हैं तो जॉनाथन स्विफ्ट की *गुलीवर्स ट्रैवेल्स* पढ़िए। यह नियम का अपवाद है। इस व्यंग्य की प्रेरणा क्या थी, सब भूल चुके हैं। यह किताब आज भी पढ़ी जाती है क्योंकि यह कल्पनाशक्ति की एक प्रभावशाली रचना है। यह किताब बच्चों के लिए लिखी ही नहीं गई थी, मगर आज यह केवल बाल-साहित्य की उत्कृष्ट कृति हो कर रह गई है।

राजनीतिक व्यंग्य से साहित्य रचने के लिए आपको एक महान लेखक होना होगा। आपको जॉर्ज ऑरवेल होना होगा जो

एनिमल फार्म, 1984, द रोड टू विगन पियर और अनेक रचनाएँ लिख कर व्यंग्य की कला में पारंगत हो गए थे।

व्यंग्य तभी लिखें जब आप को स्वयं पर बहुत भरोसा हो—भरोसा हो अपनी इतिहास और भूगोल की जानकारी पर, अपने तथ्यों, अपनी भाषा, अपने नज़रिये और अपने विश्वदर्शन पर।

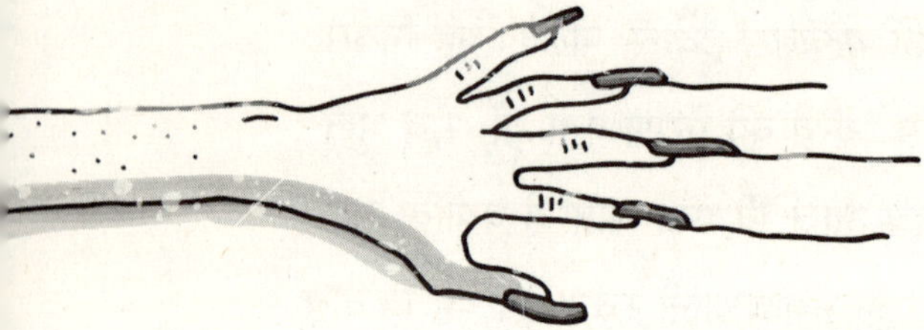

भूत-पिशाच और शिकार की कहानियाँ

"क्या आप भूत-प्रेत में विश्वास करते हैं?"

मेरी भूत-कथाएँ पढ़ने वाले पाठकों ने अक्सर मुझ से यह सवाल पूछा है। "मैं भूत-प्रेत में विश्वास नहीं करता," मैं जवाब देता हूँ, मगर वे मुझे दिखाई देते रहते हैं!"

हाँ, भूत-कथा लिखने से पहले लाज़मी है कि मैंने भूत देखा हो। यहाँ भूत देखने से मेरा आशय है भूत की कल्पना करना और शब्दों से उसमें जान फूँक देना।

"भूत में जान कैसे फूँक सकते हैं अगर वह मर चुका है?"

भूत-कथा लिखने का यही तो मज़ा है और यही चुनौती भी है।

यह सब 1945 में देहरादून के एक फॉरेस्ट रेस्ट हाउस में शुरू हुआ। मैं उस वक़्त ग्यारह साल का था। (ग्यारह वर्ष की आयु में बहुत कुछ घटित होता है—'जस्ट विलियम' की भी यही उम्र थी!)

मेरी माँ और मेरे सौतेले पिता को शिकार का बहुत शौक़ था और उन्होंने एक हफ्ते के लिए रेस्ट हाउस बुक किया

हुआ था। हर सुबह वे भाड़े के हाथियों पर जंगल में शिकार के लिए निकल जाते थे। वे बाघ और तेंदुए का शिकार करना चाहते थे और उनकी खाल भरवाकर विजयचिन्ह स्वरुप रखना चाहते थे। पहली सुबह मैं भी उनके साथ हो लिया था मगर उस दिन कुछ भी रोमांचक नहीं घटा (दोनों में से कोई जानवर नहीं मिला)। अगले दिन मैं उनके साथ नहीं गया था, रेस्ट हाउस में रह गया था। वहाँ मैंने एक पुराना बुक शेल्फ खोज निकला जिसे शायद ही कभी किसी ने इस्तेमाल किया हो। और ख़ुशी-ख़ुशी किताबें पलटते मैंने पूरा हफ़्ता गुज़ारा था।

उनमें से एक किताब ने मेरा ध्यान आकर्षित किया और मैंने वह पूरी पढ़ डाली। वह एम.आर. जेम्स की *घोस्ट स्टोरीज़ ऑफ़ एन एंटीक्वरी* थी। कहानियों में अलौकिक

शक्तियों से यह मेरी पहली मुलाक़ात थी और मैं उम्र भर के लिए भूतों का शिकारी (केवल कहानियों में) बन गया।

एम. आर. जेम्स, अलगरनन ब्लैकवुड, वॉल्टर द ला मेर, शेरिडन ल फ़ानू, ये सब पिछली सदी में भूत-कथाओं के महान लेखक थे। मैंने इन सब को पढ़ा है। हालाँकि केवल भूत-कथाएँ लिखने की मेरी मंशा नहीं थी, मगर इस विधा में लिखने की मैं कोशिश ज़रूर करना चाहता था। और मैंने की भी जिसका परिणाम मिश्रित रहा। हालाँकि भूतों से मेरा सामना उतनी बार नहीं हुआ है जितना मेरी कहानियों से लगता है, मैं ऐसे लोगों से ज़रूर मिलता रहता हूँ (उनमें अधिकतर समझदार पढ़े-लिखे लोग हैं) जिन्हें अलौकिक प्रकार के अनुभव हुए हैं, और ज़ाहिर है वे किस्से मनगढंत नहीं हैं।

तो मैं इस निष्कर्ष पर पहुंचा हूँ कि हम में से कुछ लोग अतींद्रिय यानि साइकिक हैं (अलौकिक के प्रति संवेदी), और कुछ लोग नहीं हैं।

मैं अतींद्रिय नहीं हूँ, मगर मुझे भूत-कथाएँ पढ़ना, और कभी-कभार लिखना, बहुत अच्छा लगता है।

आप भी एक-आध भूत-कथा लिखने की कोशिश करें।

उसे बहुत डरावनी न बनाएँ। इस विधा में जो श्रेष्ठ लेखक हैं उनकी रचनाएँ पढ़ें और देखें कैसे उन्होंने कभी न भुलाया जाने वाला भुतहा माहौल बनाया है।

हॉरर

एक भूत-कथा आपको डरा सकती है मगर हॉरर-कथा आपको डराने के लिए ही लिखी जाती है। उसमें केवल अनिष्टकारी आत्माएँ ही नहीं दुर्भावनापूर्ण मनुष्य भी होते हैं जो इस विधा के माहिर लेखकों द्वारा रचे दहशत के केंद्र में होते हैं।

एडगर एलन पो, एम्ब्रोज़ बियर्स, ब्रैम स्टोकर, इन सब

ने हर प्रकार से अपने पाठकों के मन में दहशत और भय पैदा करने की कोशिश की।

ब्रैम स्टोकर की *ड्रैकुला* हॉरर विधा की क्लासिक यानी श्रेष्ठतम कृति मानी जाती है, और एक सदी बाद भी बेस्ट-सेलर है। इस क़िताब ने खून चूसने वाले पिशाच—जो कि एक मरा हुआ मनुष्य है मगर हर रात अपनी कब्र से निकलकर बेखबर मनुष्यों, खासकर सुन्दर स्त्रियों का रक्त छक कर पीता है—को लोकप्रिय बना दिया!

एम्ब्रोज़ बियर्स एक आम घटना को भयानक बना देने में माहिर थे, मगर उनकी सबसे यादगार उपलब्धि उनका स्वयं गायब हो जाना थी। वे सत्तर पार आयु के थे जब वे अकेले मेक्सिको में हो रहे क्रांतिकारी युद्ध पर रिपोर्ट करने चले गए। उस के बाद वे दुबारा कभी दिखाई नहीं दिए, और आज तक अटकलें लगायी जाती हैं (और कई

किताबें भी लिखी गयी हैं) कि आखिर उन्हें हुआ क्या होगा।

एक लेखक का यूँ गायब हो जाना उसकी किताबों की ओर ध्यान ज़रूर आकृष्ट करता है, मगर मैं अपने युवा पाठकों और लेखकों को ऐसा करने की सलाह नहीं देता।

घर-परिवार और व्यक्ति

एक उपन्यास श्रृंखला, जो शायद सबसे लम्बी और लोकप्रिय थी, उसका हॉरर से दूर-दूर तक कोई लेना-देना नहीं था। यह लूईसा एम. एलकॉट द्वारा लिखी अमरीकी पारिवारिक जीवन की गाथा, *लिटिल वीमेन* थी। इसकी लोकप्रियता के चलते कई सीक्वल यानी उत्तर कथाएँ लिखी गईं—*लिटिल मेन, गुड वाइव्स, जोज़ बॉयज़* इत्यादि—मगर इनमें से कोई पहले उपन्यास जितना सफल नहीं हुई।

हालाँकि *लिटिल वीमेन* लड़कियों के लिए लिखी गई थी मगर मैंने ग्यारह बरस की उम्र में पढ़ी थी और मुझे बहुत अच्छी लगी थी।

जो युवा लेखक बनना चाहते हैं, उनसे मैं इस किताब को पढ़ने का आग्रह करूँगा क्योंकि यह हृदय से लिखी बहुत सुन्दर कहानी है।

एक और पारिवारिक गाथा द *स्विस फ़ेमिली रॉबिंसन,* एक रोमांचक कहानी है जिसमें एक परिवार का जहाज़ नष्ट हो जाता है और वे स्वयं को एक निर्जन टापू पर पाते हैं। निर्जन टापू या ऐसा टापू जहाँ खज़ाना गड़ा है बहुत-सी रोमांचक कहानियों की पृष्टभूमि होते हैं—रॉबिंसन क्रूसो (मैन फ्राइडे सहित) से शुरू हो कर *ट्रेज़र आइलैंड* पर जिम हॉकिंस और द *कोरल आइलैंड* पर जहाज़ नष्ट हो जाने के बाद फंसे लड़कों तक।

ये उपन्यास परिवार की गाथाएँ नहीं हैं, अकेले व्यक्ति की कहानियाँ हैं। अक्सर रोमांचक या एडवेंचर कथाओं में नायक अकेले ही दुनिया के नियमों और परंपराओं का मुकाबला करता है—जैसे *किम, हकलबेरी फिन, ऑलिवर ट्विस्ट* और *विज़र्ड ऑफ़ ऑज़ की डोरोथी*। दूसरी ओर, ऐलिस एक पारम्परिक लड़की है जिसे

वंडरलैंड की बावली दुनिया का सामना करना पड़ता है। और *जंगल बुक* में मोगली इंसानों के बजाय जंगल में भेड़ियों और अन्य जंगली जानवरों के बीच बड़ा होता है।

अधिकतर महान रोमांचक कथाओं में नायक या नायिका जीवन में आई बाधाओं और द्वन्दों का सामना साहस, बुद्धि, कुशलता, खुशमिजाज़ी इस्तेमाल करते हुए अपने नायाब तरीके से करते हैं।

वह सबसे सशक्त होता है

जो अकेला खड़ा होता है।

ऐसे नायक या नायिका की

रचना करें और शायद

आप एक और हक फिन या

हैरी पॉटर रच पाएँ !

स्कूल कथाएँ

जो युवा लोग लेखक बनना चाहते हैं, उनके लिए दो एकदम भिन्न पृष्ठभूमियाँ और अनुभव उपलब्ध हैं—घर और स्कूल के। आपके जीवन के बहुत-से वर्ष इन दोनों जगहों में बीतते हैं, तो इसका लाभ अपने लेखन में क्यों न उठाया जाए?

रबीन्द्रनाथ टैगोर ने कुछ यादगार स्कूल कथाएँ लिखी थीं, और आर.के. नारायण ने स्वामी और उसके दोस्तों की कहानियाँ लिखी थीं। मुंशी प्रेमचंद स्कूल मास्टर थे। शायद स्कूल कथाओं में सब से प्रसिद्ध थॉमस ह्यूज़ की *टॉम ब्राउन्स स्कूलडेज़* थी, जो अंग्रेजी पब्लिक स्कूल के सौ साल पहले के जीवन का सजीव चित्रण है। कोड़ों की मार खाना और धमकाया जाना उन दिनों आम बातें थीं और लेखक हॉस्टल जीवन की इन कटु वास्तविकताओं को नज़रअंदाज़ नहीं करते। मगर दोस्तियों और खेले गए

खेलों के ब्यौरे इस कहानी को एक ख़ास आकर्षण दे जाते हैं।

स्कूल जीवन के बारे में बेहतरीन लघु-उपन्यास जेम्स हिल्टन का *गुडबाय, मिस्टर चिप्स* था (इस पर दो बार फिल्म भी बन चुकी है) जो कि अपना पूरा जीवन शिक्षण को अर्पित कर देने वाले एक समर्पित स्कूल मास्टर के प्रति श्रद्धांजलि है। पी.जी. वोडहाउस ने लम्बे व उत्कृष्ट रचना-काल की शुरुआत स्कूल कथाओं से की थी; और रुडयार्ड किपलिंग (*स्टॉकी एंड कंप*), ह्यू वालपोल (*मिस्टर पेर्रिन एंड मिस्टर ट्रेल*), और ईवलिन वॉ (*डिक्लाइन एंड फॉल*), इन सब ने इस विधा का अलग-अलग तरह से इस्तेमाल किया।

मैं अपने स्कूल के दिनों को पीछे मुड़ कर देखता हूँ तो उन सुखद स्मृतियों के प्रति लगाव महसूस करता हूँ और अक्सर उनके बारे में लिखता भी हूँ। और शायद एक दिन जब आप बड़े हो जाएँगे तो आप भी ऐसा करेंगे।

शीर्षक

किताब का शीर्षक बहुत महत्त्वपूर्ण है। अपनी किताब का शीर्षक ध्यान से चुनें।

कुछ प्रसिद्ध किताबों के शीर्षक प्रकाशन से एकदम पहले बदले गए थे। वे यहाँ नीचे दिए गए हैं। मूल शीर्षक दायीं ओर लिखा हुआ है।

द *मिल ऑन द फ्लॉस* (जॉर्ज एलियट) : सिस्टर मैगी;

द *टाइम मशीन* (एच.जी. वेल्ज़) : द क्रोनिक आर्गोनॉट्स;

वैली ऑफ़ द डॉल्स (जैकलीन सूज़न) : दे डोंट बिल्ड स्टैचूज़ टू बिज़नेसमेन;

ट्रेज़र आइलैंड (आर. एल. स्टीवेंसन); द सी कुक : अ स्टोरी फॉर बॉयज़;

जॉज़ (पीटर बेंचली) : द समर ऑफ़ द शार्क;

द *ग्रेट गैट्सबी* (ऍफ़. स्कॉट फिट्ज़ेराल्ड) : द हाग बाउंसिंग लवर;

वॉर एंड पीस (लियो टॉलस्टॉय) : आल्स वेल दैट एन्ड्स वेल;

गॉन विद द विंड (मार्गरेट मिचल) : बा! बा! ब्लैक शीप

मुझे लगता है शीर्षक का बदलाव सही निर्णय था। *गॉन विद द विंड* की जगह फिल्म का नाम बा! बा! ब्लैक शीप होने की मैं कल्पना भी नहीं कर सकता । इसका अंतिम शीर्षक अर्नेस्ट डाओसन की सुन्दर कविता 'साएनारा' से लिया गया था।

चैप्टर 6

पथ की बाधाएँ

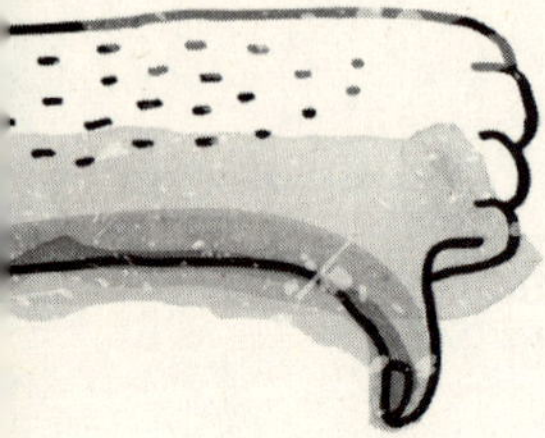

पथ की बाधाएँ

* आलोचना
* राइटर्स ब्लॉक—कुछ भी न लिख पाने की स्थिति
* आखिरी उपाय

06

आलोचना

खुले दिमाग से आलोचना स्वीकार करें, बुरा न मानें

हर लेखक को आलोचना के लिए तैयार रहना चाहिए। बड़े से बड़ा लेखक भी इस से बच नहीं पाया।

अगर आलोचना सकारात्मक है तो उस पर पूरा ध्यान दें। अगर अप्रिय है तो जलन से उत्पन्न हुई हो सकती है, इसलिए हंस कर टाल दें और अपने काम पर लौट जाएँ।

वह लेखक जो अपने लिखे से स्वयं ही ऊब जाए, बतौर लेखक उसका काम तमाम है।

मुझसे कई बार पूछा जाता है कि इतने लम्बे समय से लिखते हुए मैं कहीं ऊब तो नहीं गया?

सवाल अच्छा है। क्योंकि मेरा लेखन अगर मुझे ही उबाऊ लगने लगे तो मेरे पाठकों को तो निश्चय ही लगेगा।

वह शुरूआती उत्साह जो आपको लेखक बनने के राह पर ले जाता है, उस उत्साह को, अपनी पूरी लेखन यात्रा के दौरान आपको बनाए रखना होगा। सफल लेखक— जो, युवावस्था से लेकर बुढ़ापे तक, एक के बाद एक कई किताबें या कहानियाँ लिख डालते हैं, कभी ढीले नहीं पड़ते, कभी निरुत्साहित नहीं होते—वे कभी ऊबते नहीं हैं और अपने पाठकों को भी कभी ऊबने नहीं देते।

राइटर्स ब्लॉक होने पर आप क्या करते हैं?

अजीब बात है (या शायद इतनी भी अजीब नहीं) कि मुझसे यह सवाल अक्सर हर साहित्य गोष्ठी या बुक इवेंट में (जहाँ मैं उपस्थित होता हूँ) पूछा जाता है। इसका मतलब कि जो लोग पूरी गंभीरता से किताब लिखने में जुटे हैं—चाहे उपन्यास हो या थीसिस या कोई लघु रचना जैसे निबंध या लघु-कथा—उन्हें यह बात परेशान करती है। जब हम स्कूल में होते हैं तो ऐसा अक्सर होता है कि निबंध लिखते समय (ख़ासकर परीक्षा के दौरान) हम अटक जाते हैं। अपनी महान कृति—जिसे वे सर्वोत्तम कृति बनाना चाहते हैं—लिखने के बीच अच्छे से अच्छे लेखक के साथ भी ऐसा होता है।

मैं जो भी लिखता हूँ, वह अक्सर लम्बा नहीं होता, इसलिए यह समस्या मुझे कम परेशान करती है। फिर भी, इस से बचना ही बेहतर है क्योंकि (कम से कम लेखक के लिए) एक अधूरी छूटी कहानी से अधिक हतोत्साहित

करने वाला और कुछ नहीं है। जैसा कि ऋषि ने कहा था—आधा किया न किए के बराबर है।

इसलिए, कहानी लिखने के लिए बैठने से पहले मैं उसे अपने मन में लिख लेता हूँ।

मैं अपनी कहानी को मन में ऐसे घटते हुए देखता हूँ जैसे हम फिल्म देखते हैं। मैं पात्रों को देखता हूँ, उनकी गतिविधियाँ को, पूरी परिस्थिति को और सभी कार्यकलापों के परिणाम को भी। मुझे कुछ संवाद भी सुनाई देते हैं। कहानी एक मायने में लिखी जा चुकी होती है। उसके बाद, मुझे उसे केवल शब्दों और वाक्यों में ढालना होता है, वास्तविक दुनिया से जोड़ कर उसमें जान फूँकनी होती है। मेरी कहानियाँ, जैसे "द नाईट ट्रेन एट देवली' और 'द आइज़ हैव इट', साठ बरस पहले मेरे मन में ही लिखी गई थीं और आज भी वे प्रकाशित हो रही हैं।

तो यह है अच्छी कहानी लिखने का राज़—अपनी कहानी को मन में देखें, सपने की तरह, मगर यथार्थ में भी—फिर उसे लिख डालें।

बेशक, उपन्यास लिखने की प्रक्रिया अलग होती है। उपन्यास समय लेता है, और उसका कथानक भी समय की चाल और उस से आए बदलाव चित्रित करता है। तो लेखन के महारथियों का अनुसरण करें—डिकेंस या बाल्ज़ाक या जेन ऑस्टन या टोलकियन। अपनी शानदार कृति को थोड़ी देर के लिए एक तरफ रख दें, कुछ और करें : यात्रा वृत्तांत लिखें या कुछ कविताएँ। कुछ समय बाद अपनी उस कृति पर लौटें, जो परेशान कर रही थी। तरोताज़ा मन आप के स्थगित मास्टरपीस को नई ऊर्जा प्रदान करेगा।

आखिरी उपाय

अपने लिखे हुए से अगर आप सचमुच तंग आ गए हैं, अगर आप जानते हैं कि वह बेकार है, तो रद्दी की टोकरी का इस्तेमाल करें।

रद्दी की टोकरी की ईजाद ज़रूर निराश लेखकों ने की होगी। और मैं भी इसका इस्तेमाल करता हूँ।

चैप्टर 7

प्रकाशित होना

* पहला कदम
* तो हमें एक प्रकाशक की आवश्यकता है
* धैर्य रखें
* मायूसी, अस्वीकृति—हिम्मत न हारें

07

पहला कदम

लेखक बनने की इच्छा रखने वाले युवा जो मुझ से मिलते हैं या मुझे पत्र लिखते हैं, उनमें से अधिकतर कहते हैं, "मैं लेखक बनना चाहता हूँ" या आत्मविश्वास से भर कर बोलते हैं, "मैं भी लेखक हूँ!" ये सब किताबें लिखने और बतौर लेखक नाम कमाने की आकांक्षा रखते हैं। बहुत नेक विचार है।

बेशक सृजनात्मक लेखन की और भी विधाएँ हैं। फिल्म पटकथाओं और टीवी नाटकों के लेखक किताबें लिखने वालों से अधिक पैसा कमाते हैं; लेकिन वे 'अदृश्य' होते हैं, लगभग अनाम क्योंकि वे फिल्म बनाने वाली टीम का हिस्सा होते हैं। हमें फिल्म में काम करने वाले सितारों के नाम पता होते हैं, निर्देशक का नाम पता होता है, मगर सबसे महत्त्वपूर्ण पटकथा लेखकों का नाम फिल्म के क्रेडिट्स में कहीं नीचे आता है और चुपचाप चला जाता है। यह किताब के आवरण पर अपना नाम छपे होने जैसा नहीं है।

बहुत कम लोग जानते हैं कि विलियम फाकनर, ऐंफ़. स्कॉट फिट्जेराल्ड, डोरोथी पार्कर, पी.जी. वोडहाउस जैसे प्रसिद्ध लेखकों ने फिल्मों की पटकथाएँ भी लिखी हैं। कौन-सी फिल्मों की? माफ़ करें, मैं भी भूल गया, हालाँकि मैं मूक फिल्मों के दौर से फिल्मों का शौक़ीन हूँ। फ़िल्मी विश्वकोश में बहुत खोजने से ही इन फिल्मों का पता मिलेगा।

किताब के आवरण और पहले पन्ने पर अपना नाम छपा होना—इस बात में कुछ बात है! और यह बात हम सब, जो थोड़ा-बहुत लिख लेते हैं, में विद्यमान अहं को भी बहुत आकृष्ट करती है।

हम किताब—उपन्यास, फंतासी, जीवनी, बाल-कथाएँ या और जो भी चाहें—लिखने की इच्छा रखते हैं। और उसे लिख लेने के बाद हम चाहतें हैं कि कोई उसे पढ़े। जिस कहानी का कोई पाठक न हो, वह बेचारी और उदास कहानी होती होगी!

तो हमें प्रकाशक की आवश्यकता है

यह मुश्किल हो सकता है।

अपनी किताब के लिए प्रकाशक खोजने में हमें हफ्ते, महीने और कभी-कभी एक साल से भी अधिक समय लग सकता है।

प्रकाशकों के बारे में अक्सर हमारी ऐसी धारणा होती है कि वे बहुत दयालु सज्जन होते हैं जो चॉकलेट की बनी कोठियों में रहते हैं और हमेशा युवा लेखकों का स्वागत कर उन्हें प्रसिद्धि के रास्ते पर अग्रसर करने को आतुर होते हैं।

मगर असलियत में, अधिकांश प्रकाशक गत्ते की दीवारों से विभाजित अँधेरे दफ्तरों में, पांडुलिपियों के ढेर के पीछे छिपे होते हैं। और पहली बार छपना चाह रहे लेखकों से अत्यंत चौकन्ने रहते हैं, उन्हें देखते ही भाग जाना चाहते हैं।

ऐसा इसलिए क्योंकि कितने ही लेखक हैं जो अपनी किताब प्रकाशित करवाने के लिए दृढ़ संकल्प कर के आते हैं—पूरी की पूरी फ़ौज है! प्रकाशक डर के मारे भाग जाते हैं और शब्दों तथा शब्द-शिल्पियों की सुनामी उनका पीछा करती है। और वे अपने सम्पादकों को इन सब को झेलने के लिए पीछे छोड़ जाते हैं।

आप अगर अच्छे लेखक हैं, आज नहीं तो कल आप की किताब ज़रूर प्रकाशित होगी। अगर आप इतने

खुशकिस्मत हैं कि एक बड़े प्रकाशक को अपनी किताब बेच रहे हैं तो आपको एक कांट्रैक्ट मिलेगा, शायद रॉयल्टी के तौर पर एडवांस रक़म भी। अगर आप की किताब अच्छी चलती है तो आप उस से कुछ पैसा कमा सकते हैं। आपके प्रकाशक आपको एक और किताब लिखने के लिए भी कह सकते हैं, और अगर वह भी अच्छी चलती है तो आप एक स्थापित लेखक होने की राह पर अग्रसर हैं।

धैर्य रखें

इस सब में काफी समय लग सकता है। इसलिए अधीर न हों। प्रकाशित होने की तीव्र इच्छा में, किताब की कुछ प्रतियाँ छपवाने के लिए, किसी को अपनी बचत के पैसे निकाल कर न पकड़ा दें। यह सपनों का अंत भी हो सकता है। क्योंकि आप की किताब का वितरण करने और बेचने वाला कोई होना चाहिए, नहीं तो यह काम आपको स्वयं करना होगा और यह आसान नहीं है।

हम अपने सुख के लिए लिखते हैं, मगर अपने साथ-साथ

दूसरों को भी खुश कर सकें, इस से बेहतर क्या हो सकता है?

पढ़ना

लिखना

और पढ़ा जाना;

सबसे बढ़िया संयोग है।

आराम से लिखें। जल्दबाज़ी में लिखेंगे तो बहुत गलतियाँ होंगी।

मायूसी, अस्वीकृति—हिम्मत न हारें

विफलता और अस्वीकृति के लिए तैयार रहें। लेकिन अगर आप अच्छे लेखक हैं तो देर-सवेर आपको सफलता ज़रूर मिलेगी। बीते वर्षों में मुझे कितनी निराशा का सामना करना पड़ा। मगर मैंने लिखना नहीं छोड़ा।

भाटे के उतार के बाद ही ज्वार आता है।

किस्मत हमें कुछ देती है, और छीन लेती है। फिर दोबारा दे देती है।

कभी भी निराश न हों। और अगर हो गए, तो भी काम आगे बढ़ाते रहें।

कभी हार न मानें।

रस्किन बॉण्ड निम्नलिखित किताबें पढ़ने की सलाह देते हैं

* लॉरेंस स्टर्न, *ट्रिस्ट्रम शैंडी*
* एमिली ब्रॉटे, *वदरिंग हाइट्स*
* चार्ल्स डिकेंस, *डेविड कॉपरफील्ड, निकोलस निकलबी, द पिकविक पेपर्स, अवर म्यूच्यूअल फ्रेंड, ओलिवर ट्विस्ट*
* थॉमस हार्डी, *फार फ्रॉम द मैडिंग क्राउड, टेस्स ऑफ़ द अरबरविल्स*
* गी द मोपासां, *द नेकलेस, द पीस ऑफ़ स्ट्रिंग, द हॉर्ला*
* मार्क ट्वेन, *द एडवेंचर्स ऑफ़ हकलबेरी फिन*
* विलियम फाकनर, *द साउंड एंड द फ्यूरी, एज़ आय ले डाईंग*
* रवीन्द्रनाथ टैगोर, *गीतांजलि*
* आर.के. नारायण, *मालगुड़ी डेज़*
* प्रेमचंद, *गोदान, कर्मभूमि, ग़बन, मानसरोवर*
* जोसेफ़ कॉनराड, *हार्ट ऑफ़ डार्कनेस*
* वी.एस. नाइपॉल, *अ हाउस फॉर मिस्टर बिस्वास, अ बेंड इन द रिवर*
* सॉमरसेट मॉम, *अ राइटर्स नोटबुक, द मून एंड सिक्सपेंस*
* ग्राहम ग्रीन, *द क्वाइट अमेरिकन, ब्राइटन रॉक, द एन्ड ऑफ़ द अफेयर*
* ल्युइस केरल, *ऐलिस इन वंडरलैंड*
* एल. फ्रैंक बॉम, *द विज़र्ड ऑफ़ ऑज़*
* *पिनोकियो*
* *पंचतंत्र*

* *अरेबियन नाइट्स*
* चार्लज़ किंग्सले, *द वाटर बेबीज़*
* विलियम शेक्सपियर, *अ मिडसमर नाइट्स ड्रीम, द टेम्पेस्ट*
* सिग्मंड फ्रायड, *इंटरप्रिटेशन ऑफ़ ड्रीम्स*
* आर. एल. स्टीवेंसन, *ट्रेज़र आइलैंड*
* रिचमल क्रॉम्पटन, द *विलियम सीरीज़*
* जे. के. रोलिंग, द *हैरी पॉटर सीरीज़*
* पी.जी. वोडहाउस, द *इनिमिटिब्ल जीव्स, समर लाइटनिंग, लीव इट टू पीस्मिथ*
* सर आर्थर कॉनन डॉयल, द *शरलॉक होम्स सीरीज़*
* अगाथा क्रिस्टी, द *मिस्टीरियस अफेयर एट स्टाइल्स,* द मर्डर ऑन द *ओरिएंट एक्सप्रेस,* एंड देन देयर वेयर नन
* रेक्स स्टाउट, द *नीरो वुल्फ मिस्ट्रीज़*
* जेरोम के. जेरोम, *थ्री मेन इन अ बोट*
* वीडन ग्रॉसस्मिथ, *डायरी ऑफ़ अ नोबडी*
* जॉनाथन स्विफ़्ट, *गुलिवर्स ट्रैवल्स*
* जॉर्ज ऑरवेल, *एनिमल फार्म, 1984,* द रोड टू *विगन पियर*
* एम.आर. जेम्स, *घोस्ट स्टोरीज़ ऑफ़ एन एंटीक्वरी*
* अलगरनन ब्लैकवुड, द *वेंडिगो,* द *विलोज़,* द *सेंटॉर*
* वॉल्टर द ला मेर, द *लिसनर्स, सिल्वर, विंटर*
* शेरिडन ल फ़ानू, *अंकल साइलस, इन अ ग्लास डार्कली*
* एडगर एलन पो, द *टल-टेल हार्ट,* द *फॉल ऑफ़ द हाउस ऑफ़*

अशर

* एम्ब्रोज़ बियर्स, *द डेविल्स डिक्शनरी*
* ब्राम स्टोकर, *ड्रैकुला*
* लूईसा मे ऑलकॉट, *लिटिल वीमेन, लिटिल मेन, जोज़ बॉयज़*
* योहान डेविड वॉइस, द *स्विस फेमिली रॉबिंसन*
* डेनियल डीफ़ो, *रॉबिंसन क्रूसो*
* आर. एम. बैलेंटाइन, द *कोरल आइलैंड*
* रडयार्ड किपलिंग, *किम, स्टॉकी एंड कं.*
* ह्यूज़, *टॉम ब्राउन्स स्कूल डेज़*
* जेम्ज़ हिलटन, *गुडबाय, मिस्टर चिप्स*
* ह्यू वालपोल, *मिस्टर पेरिन एंड मिस्टर ट्रेल*
* ईवलिन वॉ, *डिक्लाइन एंड फॉल*
* बाल्ज़ाक, *ला कॉमेडी ह्यूमेन*
* जेन ऑस्टन, *प्राइड एंड प्रीज्युडिस,* नोरथेंगर ऐबी, *सेन्स एंड सेंसिबिलिटी,* एम्मा
* जे. आर.आर. टोल्कियन, द *लार्ड ऑफ़ द रिंगस*
* अंतोन चेख़व, द *चेरी ऑर्चर्ड,* द सीगल, द लेडी विद द डॉग
* ऍफ़. स्कॉट फिट्जेराल्ड, द *ग्रेट गेट्सबी, टेंडर इज़ द नाईट*
* डोरोथी पार्कर, *डेथ एंड टैक्सेज़*

लेखक के बारे में

रस्किन बॉण्ड भारत के विश्वप्रसिद्ध बाल कथाकार हैं। उनका जन्म 19 मई 1934 को हिमाचल प्रदेश के कसौली में, अब्रे बॉण्ड और एडिथ क्लार्क के यहाँ हुआ था। रस्किन बॉण्ड 17 वर्ष की उम्र से लगातार लिख रहे हैं। अबतक सैकड़ों कहानियाँ, उपन्यास, संस्मरण और कविताएँ लिख चुके हैं। उनके रचे हुए 'अंकल केन' और 'रस्टी' जैसे चरित्र बाल साहित्य में यादगार माने जाते हैं। उनकी रचनाओं पर अनेक फ़िल्में बन चुकी हैं जिनमें 'ब्लू अम्ब्रेला', 'जुनून', 'सात ख़ून माफ' आदि बहुचर्चित हैं। 'आवर ट्रीज़ इज स्टिल ग्रो इन देहरा' शीर्षक उपन्यास के लिए उन्हें प्रतिष्ठित साहित्य अकादेमी पुरस्कार प्राप्त हुआ। साहित्य में उनके विशिष्ट योगदान के लिए उन्हें भारत सरकार द्वारा 'पद्मश्री' और 'पद्मभूषण' सम्मान से सम्मानित किया गया। वे मसूरी में रहते हैं।